JN299161

働くって？
会社って？
マナーって？

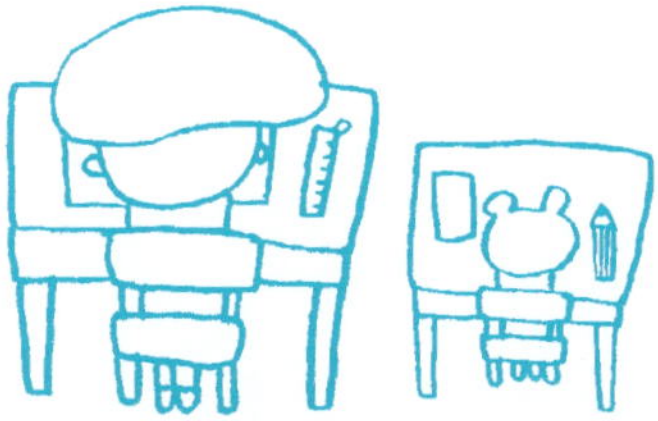

matsu 著
20代のための仕事力向上委員会 監修

マンガとイラストで楽しく学べる

会社の教科書

フォレスト出版

はじめに　恥ずかしくていまさら聞けない会社のこと

「『〜っていうか』『ボクが…』と言ったら、上司に注意された」
「来客を応接室やエレベーターに案内するとき、どうしたらいいかわからなかった」
「給料明細の見かたがわからない…。　年金や保険ってどうなってるの？」
「『専務、専務』と呼んでいるけど、実は役職についてわかってない」

あなたもこんな恥をかいたことがあるのではないですか？
この本なら、あなたの不安や悩みをすべて解決することができます。

- **会社、組織、社会人とは何か**
- **あいさつや身だしなみのマナー**
- **社内や取引先の人との上手なコミュニケーション**

・敬語の使い方や電話のとり方、メールの書き方
・効率のいい仕事の進め方
・スケジュール管理やデスクの整理整頓
・社会人のお金の使い方
・勉強会や資格取得から、転職・キャリアアップ

社会人として重要なことが、この1冊ですべてわかります！
会社に入ったばかりの人、まだ学生の人、これから就職を控えている人、それだけでなく、**もう社会人3年目だけど仕事に自信が持てない人、転職をして新しい会社に入る人**などにとっても使える本です。

あなたの評価は3年目までに決まる！

こういった社会人としての基本的なルールやビジネスマナーを身につけるだけで、

あなたの評価は大きく変わります。

「仕事さえできれば、マナーやルールなんて関係ない」と、思っている人もいるかもしれませんが、大きな間違いです。**マナーができていなければ、あなたの仕事の能力を十分に発揮することはできない**のです。

なぜなら、あなたを評価する立場の人は、あなたが思う以上に、日ごろのあなたの態度や振るまいを見ています。特に年配であればあるほどマナーを重視しているので、**マナーができていない段階で、あなたは「常識に欠けている」「仕事ができない」というレッテルを張られてしまいます**。つまり、同じ仕事をしても、マナーができる人のほうが格段に評価されるのです。

また、**あなたがいくら「やる気」や「能力」を持っていても、それをアピールするコミュニケーション能力や態度を知らなければ、相手を不快にさせたり、あなたの思いを伝えることができません**。仕事で成果を発揮する前に、自分でチャンスをつぶしてしまうでしょう。

一般的に、**入社3年目というのは、ひとつの評価の区切り**になります。今後あなたに「重要な仕事を任せても大丈夫か」「後輩をつけても問題ないか」、あなたの3年間の姿を見て上司は判断を下すのです。

社会人としての基本的なマナーやルールを身につけるのは、早ければ早いほどいいと言えるでしょう。

マナーやルールを身につけることで、

- **周囲の人間とトラブルが起きない**
- **気難しい人からも好かれる（キーパーソンは大抵、気難しいものです）**
- **チームワークがうまくいき、仕事が効率よく進む**
- **対面ではなく、電話やメールだけでやり取りをする人にも好感を持たれる**

・新たな取引先とトントン拍子でうまくいく
・会議であなたの意見が採用される

など、相手と良好なコミュニケーションをはかれるだけでなく、あなたの仕事の評価にも大きく関係してきます。

逆に言えば、あなたが今評価をされていなかったり、仕事上で何かしらトラブルや不満を抱えているなら、それらが身についていない証拠です。

わずか30分で、あなたの評価が変わる！

この本では、日々の職場での疑問や、先輩や上司にはいまさら聞けないこと、わかっているけどちょっと自信のないことを、テーマごとにまとめています。どの章からも読み始められるように構成されているので、気になる章から読んでみましょう。

「仕事」とは、いかに周りの人との関係を良好にし、自分の能力を発揮しきるか、です。

この本なら、マンガやイラストで楽しみながら、自然とそれらを身につけることができます。この本を読むわずか30分で、あなたの評価がグンと上がるのです!

ぜひこの本で社会人としての大切なことを学び、明日からあなたの仕事が変わることを願ってやみません。

2010年3月　20代のための仕事力向上委員会

登場人物の紹介

主人公
ペケ男（22歳）
おとめ座　A型
マツモト食品新入社員
企画部配属

企画課長
小言が多い

企画部長
TOEIC 900点超

A子
ペケ男の指導係

B子
ペケ男の1年先輩

浜口さん
斬新な企画を出す
アイデアマン

真壁さん
部内のみんなを
陰ながらサポート

坪根さん
企画部のお局様

第1章

まずはこれだけ押さえよう
社会人の基本の基本

社会人としての心得や会社・組織について学ぼう

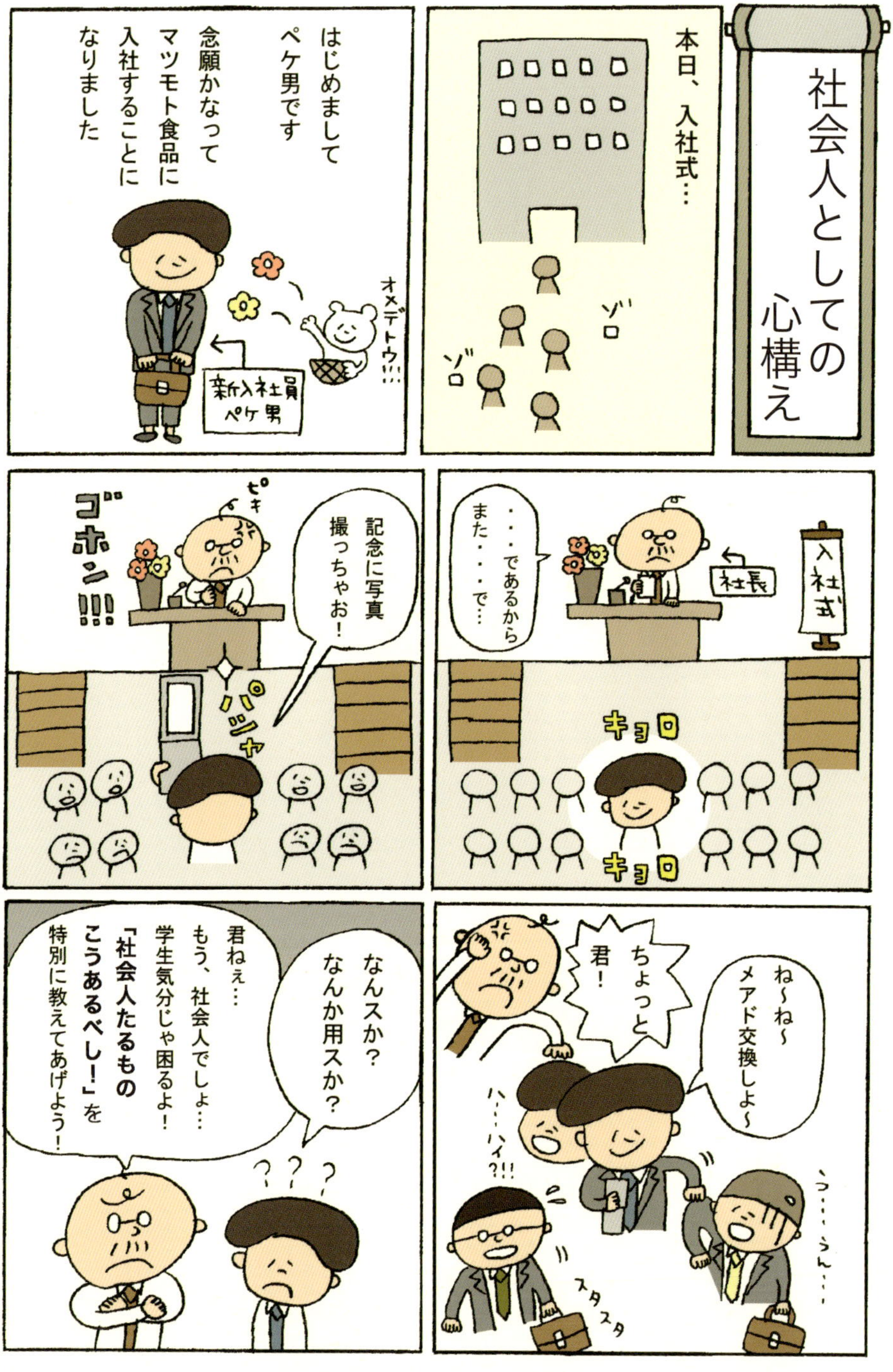
社会人としての心構え
本日、入社式…
ゾロ
ゾロ
はじめまして
ペケ男です
念願かなって
マツモト食品に
入社することに
なりました
オメデトウ!!!
新入社員
ペケ男
入社式
社長
…であるから
また…で…
キョロ
キョロ
記念に写真
撮っちゃお!
パシャ
ピキ
ゴホン!!!
ね~ね~
メアド交換しよ~
ちょっと
君!
ハ…ハイ?!!
スタスタ
う…うん…
なんスか?
なんか用スか?
???
君ねぇ…
もう、社会人でしょ…
学生気分じゃ困るよ!
「社会人たるもの
こうあるべし!」を
特別に教えてあげよう!

社会人の心得

お金を払って学校へ行くのと、お金をもらって会社へ行くのは 180 度違います。
学生気分のままでは社会では通用しないということをしっかりと認識しましょう。
身だしなみ、**言葉遣い**、**態度**など、すべての面で社会人として恥ずかしくない行動をとることが大事です。
どんなに能力のある人でも、この基本ができていなければ社会では相手にされません。
３年後、５年後、10 年後に立派な社会人として活躍するためにも、入社時から気持ちを切り替えるようにしましょう。

ここがペケ男君が働く企画部よ
RRR
キビ
スゴイ……
キビ
本日付で入社したペケ男です…よっ・・・・よろしくお願いしまっス…
モジモジ
カチンコチン
企画部長
よろしくね期待しているよ!
企画課長
問題を起こさんでくれよ…
浜口です
真壁です
坪根です
で、こちらがペケ男君のひとつ先輩のB子さん!
B子です
わからないことがあれば、いつでも聞いてね!
入社2年目 B子
ヒェーまずみんなの名前が覚えられましぇん

働くとは？

当たり前のことですが、会社というのはあなたの労働に対してお金を払うわけです。
つまり、**あなたの労働・仕事（行動や態度を含む）が会社にとってメリットがなければ、お金を払う価値がない**ということです。
自分勝手な行動をとったり、学生気分で周囲に迷惑をかけるようではダメです。
新社会人の第一歩として、「お金をもらって働いている」という大前提をもう一度肝に銘じておきましょう。

社内のルール

会社にはさまざまなルールがあります。
始業時間、休憩時間はもちろん、明文化されていなくても、会社単位、部署単位でたくさんの決まり事があります。
日報・週報の書き方、部署内での連絡方法、会議の進め方など、会社や部署ごとに決まったやり方があります。
その他、お茶くみ当番、掃除の担当者などを決めているところもあるでしょう。
新入社員は１日も早くそのルールを覚えて、きちんと守ることが大切です。

素直に先輩のいうことを聞こう!!!

新人のうちは「自分は教わる立場なんだ」ということを常に忘れてはいけません。
仕事内容によっては、
「どうして、こんなことをするのかな？」
「なんで、自分がやらなければいけないのだろう…」
などと疑問や不満に思うこともあるでしょう。
気になることを質問するのはもちろん構いませんが、まずは**「素直に聞く」**という姿勢が最も大切。

文句を言うのは、仕事が一人前にできるようになってから。
真っ先に不平不満を言うようでは、あなたの意見を聞く人はいなくなってしまいますよ。

まずは、人の名前と顔を覚える

部署に配属されると、一度にたくさんの人に出会います。
人の顔と名前を覚えるのも社会人の仕事のひとつ。
できるだけ早く覚えて、チームの一員になれるように努力しましょう。
仕事をしていれば、社外の人ともたくさん会うことになります。
大事な取引先の人に対して「あれ、この人は誰だっけ？」なんてことになっては大問題。
過去に名刺交換をしただけで、その後久しぶりに会った人に対してでも、「○○さん、ご無沙汰しております」と名指しで元気にあいさつできれば、「自分のことを覚えていてくれたんだ」と相手は喜んでくれるでしょう。
相手に好印象を与える。これも大切な仕事なのです。

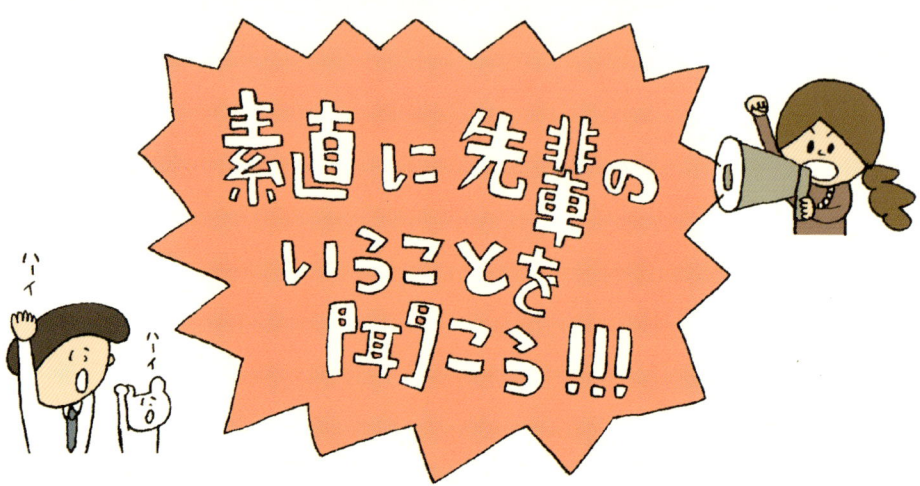

会社ってどんなところ？
ちょっと、君
？
マツモト食品の人だよね？総務課は何階にあるんじゃ？
ハァ…
ヒソ
なんで僕なの？
ウンウン
企画部なんだからわかるわけないじゃん……
おへり
何階なんじゃ～？
僕、企画部だからわかんないッス
ひらきなおり
ゴロゴロ
ゴロゴロ
どきっ
フーン…君、本当にマツモト食品の人なのかい？
そ・・・そうですけど…マジマジとそんなに見つめないでください
社章
ピュー
おじさ～ん受付で聞いてくださ～い！
あんぐり…

ふ〜
5分過ぎ
ちゃったけど
ギリギリ
セーフ…
先輩に怒られるわよ〜
いや…
だって
朝から
変な
おじさん
が…
だから、
えっと、
・・・・
かくかく
しかじか・・・
RRRR
はい、
マツモト
食品です
うちの
ペケ男が！
そ、それは
大変、失礼
致し
ました！
あれ…
僕なんか
まずいこと
したっけ…
耳ダンボ…
ペケ男！
今朝、会社の
入り口で
話しかけられ
たでしょ！
は・・・はい…
変なおじさんに…
あの方はうちの
大株主様よ！
ヒ〜
かぶぬし？！って？

株主とは？
株式会社とは、会社が株式を発行し、それを出資者が買ってくれることによって成り立っている会社のこと。株主とは、その出資者のことです。
株式会社は、出資者（株主）がいるからこそ、会社にお金が集まり事業を展開することができるのです。
この事業で得た利益によって、社員の給料は支払われています。また、利益の一部を配当金として株主に分配するしくみにもなっています。
フムフム
野菜のカブなわけないでしょ！
株主！
ポイ
フーーッ
それに、会社にはいろいろな人が出入りしていてね…だから、あなたは会社の代表としてきちんとごあいさつできなくてはいけないのよ！
サッカーの代表みたいでかっこいいッス
ポワン
ペコリ
ち…ちがう!!!
株主様は大事にしなくちゃなんですね
よいしょっと
会社はいろいろな人たちに支えられて成り立っているんだなぁ！
いいナー
そこだー
ペケ男がんばれー
m
銀行員
取引先
株主
ポワン
ポワン

会社の目的はやはり「利益をあげること」です。
利益をあげられるからこそ、従業員を雇うことができ、社屋や事務所などを買ったり、借りたりすることができ、さらには仕事に必要な物品を買うことができるわけです。
会社に入り、**会社の一員として働くということは、「会社と労働契約を結び、労働を提供することにより、その対価として報酬（賃金）の支払いを受ける」ということ**です。
つまり「どうしたら会社の利益をあげられるか」を考えることが不可欠なのです。

従業員とお客様が会社を支えているのは当然として、その他にもたくさんの人や会社の協力があって、会社は成り立っています。
「株主などの出資者」「資金を融資してくれる金融機関」「事業に欠かせない取引先」など、数えあげればキリがありません。
会社に出入りしている人すべてが、言わば「会社のサポーター」なのです。
サポーターの人たちに出会ったら、明るくあいさつをすることはもちろん「お世話になっております」「いつも、ありがとうございます」と、感謝の意を示すことも大切です。

経営者と社員の思いをひとつに！

多くの会社で、「社是」「社則」「経営理念」などを掲げています。
会社が向かうべき理想であったり、従業員に「こうあってほしい」という経営者（あるいは創業者）の願い、思いが込められています。
社是や経営理念というのは、単なる「お飾り」ではありません。経営陣がどんな考えを持ち、会社をどんなふうに経営したいかを知ることはすべての社員にとって大切なことです。
いい会社ほど、社員に理念が浸透し、みんなが同じ方向に向かって仕事をしているものです。

株式会社とは…

一般には、会社には株式会社が最も多く、株式会社には、**株主から広くお金を集めて事業を展開できるというメリット**がある一方で、**「集めたお金をどのように使ったか」「どれくらいの利益をあげたか」などを決算書という形で公表する義務**があります。それだけ社会的な責任が伴い、開かれた存在でなければならないということです。
同時に、そこで働く従業員にも相応の責任と義務が発生することを忘れてはいけません。株式会社で働くというのは、「世間一般からお金を集めて事業をする」という大きな経済活動の一端を担うことなのです。

平成 18 年 5 月に新会社法が施行され、会社の形は**「株式会社」「合同会社」「合名会社」「合資会社」**という 4 種類になりました。旧法にあった「有限会社」という形を今でも残しているところもありますが、新法のもとで新たに有限会社を設立することはできません。自分の会社がどの種類にあたり、どういう形で経営をしているのかくらいはきちんと調べて、理解しておきましょう。

役職にはどんなものがある？
学生時代の仲間との飲み会…
飲むぞ～！
カンパーイ
入社式どうだった？
大変だったよ～
スーツなんて着慣れないし…
写メ撮って怒られるし
へ～、オレのとこは入社式なんてなかったよ
まじで?! ?!
うん
社長と屋台で「かんぱ～い」して終わり…
おでん
社長
オレ
社長と飲みかぁ…
ウィック
のみすぎヨー
ポワワン
ポワワン
だって
オレの会社
社長入れて5人
うちの会社は50人はいるよ
僕の会社は1000人だよ！
大企業
中小企業
いろいろな会社があるんだね～

役職とは？

「会長＞社長＞副社長」くらいの序列はわかっても、専務、常務となると「どっちが上だかわからない」という人もけっこう多いはず。結論から言うと**「専務＞常務」。専務が上で、常務はその下にあたる役職**です。

専務や常務といった役職を設けていない会社もあれば、担当する役割も会社によってバラつきがあるので、ある程度会社の内情がわかってきたら、上司や先輩に確認してみるといいでしょう。

会社の規模

一言で会社といっても、その規模は実にさまざまです。
従業員が何千人もいるところもあれば、社長と二人きりという会社もあります。
もちろん、どちらが良いとか、悪いという話ではなく、会社の規模が違えば、仕事の進め方も違うでしょうし、社長（あるいは上司）との関係も変わってくるのです。

取締役とは？

株式会社において、株主は出資するだけで、経営に直接関与することは原則としてありません。
実際に経営をするのは、株主に委任された取締役です。
そして、取締役の中から代表取締役が選出され、その中の一人が社長になるというのが一般的です。
実際には、社長が多くの株式を保有していることもありますが、組織上は**「社長とは、株主たちに選ばれた経営のエキスパート」**ということです。社長以外にも、副社長、専務、常務なども取締役の中から選ばれます。
そのため専務や常務は「役付取締役」と呼ばれ、その他の「役なし取締役」と区別されています。

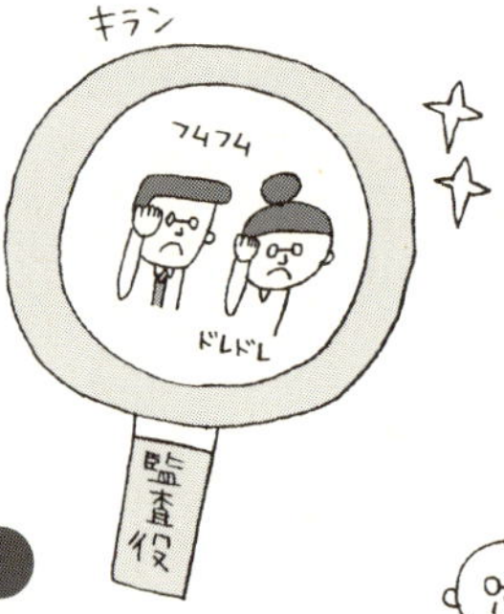

監査役とは？

監査役とは、**取締役がきちんと経営を行っているかを監査するために、株主から委任された人**のことを指します。ただし、多くの日本の企業の場合、取締役も監査役も同じように従業員の中から選ばれるため、チェック機能が正しく果たされていないという指摘もあります。
このような問題に対応するため、社外監査役（社外の人を監査役にする）を置いて、会社運営を正そうとする会社もあります。

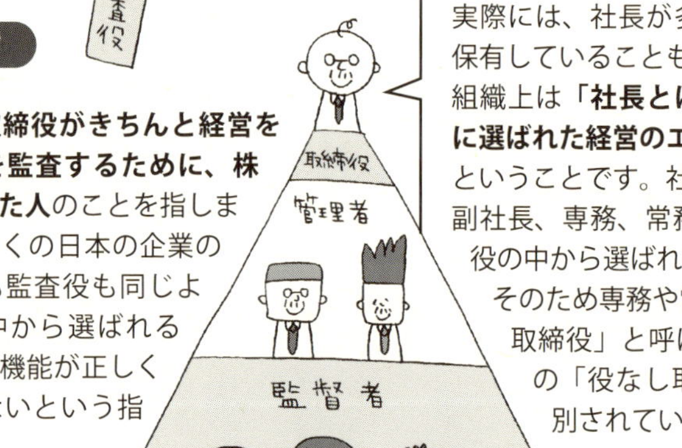

社長の仕事ってなぁに？
みんな～おやつ買ってきたよ～
ありがとうございます
ありがとうございます
ハイ。
ゾロゾロ
あのおじさんいっつもお菓子くれるんだよね
ウンウン
おじさんいつもおいしいお菓子をありがとう
ペコリ
あのおじさん誰なんだろう？後をつけてみよっと
クルリン
ソー
トコ
トコ
トコ
社長室
バタン
あれ？社長室に何の用かな？
マツモト食品3ヶ年計画!!!
キビ
キビ
そーっ
え～！お菓子のおじさんは社長だったのか～ビックリー！

社長はどんな仕事をしているの？

社長とは、**会社組織におけるトップ**を指します。社長は常に代表権を持ちます。よく聞く「会長」とは、株式会社における取締役会の会長のことを指します。多くは前社長が就任しますが、実権を持たない場合と持つ場合とがあります。

社長がどんな仕事をしているのかは、従業員なら気になるところではないでしょうか。
実際、社長の仕事は会社によっても違いますし、社長個人によっても業務の内容、仕事の仕方などに差があります。
一般に、**社長の仕事は「判断すること」**だといわれます。
会社をどんな方向へ導くのか、新しい事業を展開するのか、あるいは撤退するのか、どんな人を雇い、どんな役職や仕事を与えるのかなど、最終的な判断をするのは社長の大切な仕事です。
社長がどんな考えを持ち、どんな判断をするかによって、会社の業績はもちろん社風や雰囲気まで変わってしまうものです。

最近は社長でもブログなどで積極的に情報発信をしている人が多く、社長の考えを直接知る機会が増えています。
「うちの社長はどんな考えを持っているのかな？」「ふだん、何をしているのかな？」と気にして注目してみると、新しい会社の側面に触れることができるかもしれません。

第2章

これだけで人間関係がスムーズに おつきあいのマナー

社会人としてのあいさつ・チームワーク・身だしなみを知ろう

あいさつのマナー

社内で誰かに会ったら、大きな声で、明るく、元気にあいさつしましょう。
これは社会人の基本中の基本！
相手の目を見て、自分からするのがポイントです。
相手を知っていても、知らなくても、あいさつをして嫌がられることはありません。何を言っていいかわからないときは会釈をしましょう。

そうか！新人はあいさつが命なんスね～
ガッテン
ガッテン　ガッテン
あとはこの本でシーン別のあいさつをお勉強よ！
ハイ!!!
『会社の教科書』
MFMF
UUUU
フフフフ
ムムムム
シーン別① 外出する時は…
いってきま～す
いってらっしゃい
シーン別② 外出から戻ってきたら…
ただ今、戻りました
お帰りなさい
シーン別③ 先に帰る時は…
お先に失礼します
お疲れ様でした
これですべてのあいさつパターンをマスターしたぞ！あいさつができれば恐いものナシ！
1
2
3

明るいあいさつが基本

午前中は「おはようございます」、
正午から日没までは「こんにちは」、
日没以降は「こんばんは」。
大きな声で自分からハキハキとあいさつしましょう。
目上の人から先にあいさつされるようではダメです。
また、社内でお客様に会ったら見知らぬ人でもあいさつしましょう。「感じのいい会社だ」という印象が残ります。

朝、出勤したときに「おはようございます」と明るくあいさつできないようでは、社会人として失格。
自分の部署に着いたとき、誰かが出勤してきたときには、必ずあいさつをしましょう。

エレベーターに乗るときは、**お客様や上司、先輩を先に乗せる**のがマナー。
その際、ドアを押さえて、途中で閉まらないように気を配りましょう。
エレベーターの中では、**操作ボタンの前に立って、自分で操作する**ようにします。
また、途中の階で誰かが乗ってきたときには、「何階ですか？」と声をかけましょう。
エレベーターから降りるときは一番最後が基本。
まだ乗っている人には「失礼します」の一言も忘れずに。

シーンごとのあいさつだよ

シーンごとにあいさつの言葉は変わります。社会人として恥ずかしくないように、一通りは覚えておきましょう。

- **外出するとき…「いってまいります」「いってきます」**
- **外出先から戻ったとき…「ただ今、戻りました」**
- **外出先から帰ってきた人に対して…「お帰りなさい」「お疲れ様でした」**
- **日中、訪問客などを見かけたら…「こんにちは」**

- **謝るとき…「申し訳ございませんでした」**
- **お世話になった人（取引先など）に対して**
  …「いつもお世話になっております」
  「先日は、ありがとうございました」

  社内、社外にかかわらず、誰かに何かをしてもらったら「ありがとうございます」という習慣をつけましょう。その一言で、あなたの印象はグッとアップします。

- **退社するとき…「お先に失礼いたします」**

  新人は残業も少なく、先輩たちより先に帰るケースも多いはず。黙って帰るのではなく、必ず一声かけましょう。

元気なあいさつが基本といっても、**TPOをわきまえる**ことも大切。
社内の廊下など静かな場所ですれ違うときは、軽く会釈をします。
首だけを曲げるのではなく、腰からゆっくりと曲げるのがポイント。
大事なお客様などとすれ違うときは、きちんとした敬礼（深めのおじぎ）をします。

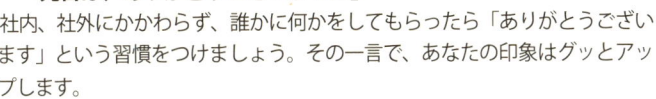

シーン別
トイレ編
あ、部長だ！ 実践、実践！
おはようございます
ピュッ
わぉ！ きたにゃい
・・・・・・。
君ねぇ トイレで あんな大きな声 出さないでよ…
じゃあ トイレでは あいさつは しないほうが いいんスか？
モジモジ
無視はダメ！ 軽く会釈で いいんじゃ な〜い
YOU、MEと一緒に 練習して みちゃう？
練習中
横、失礼します
あぁ、どうぞ
どうスか？
GOOD！ YOU、やれば できるじゃない
ヒ〜
もう でないよ〜
部長〜もっと練習 させてくださ〜い

返事のマナー

「ハイ」という返事ひとつであなたの印象はまったく変わってきます。
あいまいな返事で、相手に「本当に聞いてるのかな？」と思われるようではダメ。
誰かに呼ばれたら、まず返事。
話を聞いたら、そこでも返事。
明るい返事はコミュニケーションの始まりです。大きな声でハッキリと返事をしましょう。

ハイ…
あいまいな態度は×

仕事に関する指示をされた場合、「ハイ」と返事をするのはもちろん、「わかりました」と**自分が理解したことをはっきり伝えなければなりません。**

「ええ、まあ…」とあいまいな返事や態度はＮＧ。

私語のルール
ハイ…

仕事中の私語は原則として禁止です。

職場によっては、多少の私語が許されているところもありますが、新人が率先しておしゃべりするのはダメ。

話すとしても、先輩たちの会話に控えめに加わる程度が無難です。

自己紹介の基本

こんにちは。
ペケ男と申します。
名前のように
仕事ではペケ
ばかりしないように
頑張ります!
よろしくお願いします。

新人研修、部署に配属されたとき、歓迎の飲み会など、入社したときは何かと自己紹介をする機会が多いもの。

自分なりの自己紹介パターンをひとつ用意しておいて、スムーズに話ができるようにしておきましょう。

話し方のポイントは、**明るく、歯切れよく、大きな声で**あること。

内容は、自分の人となりを簡潔に話し、仕事に対する抱負など、やる気があることを示すといいでしょう。

新入社員研修② チームワーク
今からプレゼンをしてもらうからグループに分かれて〜
ザワ ザワ
ハーイ
えー
グループ分け中
グループで話し合いか…めんどくさいなぁ…
ガタ ガタ ガタ
よ〜し！ぼくがひっぱっていくよ〜
ペケ男のグループリーダー
たのもしい
って、みなさん聞いてます？
お化粧直しする人
化粧のりイマイチ…
2人の世界に入るんたち
イチャ イチャ
あれ、お隣さんはどこ？
聞いてるよ よろしくね
PSPやりだしてしまう人
ピコ ピコ
わぉ！すごい！
グィーン
勝手に進めちゃっているよ…
周りなんて関係ないわ一人のほうが早いし…
カキ カキ
一人で勝手に進めてしまう人
みんななんで協力してくれないんだよ！
ビリ ビリ
お察しします

チームワークとは？

会社では、自分ひとりで働いているのではありません。同僚や上司など、仲間の助けがあるからこそ仕事ができるのです。
常に周囲を気にして、チームの和を乱さないことが大切。
「誰が、何を求めているのか」を意識することは、仕事を早く覚えるコツでもあります。
１日も早くチームになじめるよう、努力しましょう。

新人のときは、目の前の仕事だけで意識がいっぱいになりがちですが、仕事はすべてチームワークで成り立っているということを忘れてはいけません。
あなたが作る資料やデータを待っている人が必ずいますし、あなたの仕事がしやすくなるようにサポートしてくれる人もいます。
自分の仕事が遅れれば、それだけ誰かに迷惑をかけるのです。
他人に迷惑をかけずに、他人の役に立つ。
常にこの意識を持って働くことが大切です。

チームワークは相手を思いやる気持ちから

メールの内容バッチリOK

コピーをする、資料を作る、メールを送るなどの仕事においても、「ただ、やればいい」という意識ではダメ。
「どうすれば、見やすい資料になるか」
「メールの内容は十分に相手に伝わるだろうか」「こうやってコピーしておけば、会議のときにみんなが助かるんじゃないか」

おやつの準備バッチリOK

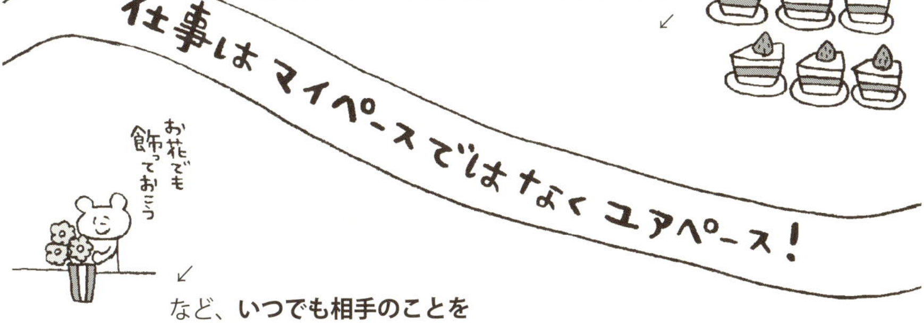
仕事はマイペースではなくユアペース！
お花でも飾っておこう

など、**いつでも相手のことを念頭に置いて仕事をする**ことが大切です。
あなたの周りにいるのは仕事のプロばかりです。
「常に相手のことを考える」というあなたの高い意識はきっと周囲にも伝わるはずです。
上司や先輩の話を聞くときでも、「相手が何を求めているのか」をよく考えるようにしましょう。

会議のためにコピーしておこう
A4

社会人の身だしなみとは？

男性の服装はビジネススーツにネクタイが基本。スーツは自分の体型に合っていて、きちんとプレスのきいたものを着ましょう。紺やグレーなど落ち着いた色が定番です。
ストライプでも構いませんが、あまり柄が目立たないものを選び、シャツやネクタイも派手すぎないものを心がけましょう。

男性はまだいいわよ スーツを着ればいいんだから… 女性はそういうわけにもいかないのよ…
そうなんスか
突然ですが
マツモト食品ファッションショー
審査員のみなさ～ん
どうぞお楽しみください
ワー
ヒュー ヒュー
はぁ
キャー
楽しみだ
ワクワクするねー
ドレドレ
早くー
まじめなス～ツスタイル
ひとつにまとめる
ナチュラルメーク
シンプルなカットソー
黒、グレー紺のスーツ
キャリアウーマンだねー
いいよー
ビジネスカジュアル
ひとつにまとめる
ナチュラルメーク
アンサンブル
プリーツスカート
かわいい
元気でいいね
さわやかだね
こちらはいかがでしょう？
金パツ
濃いメイク
露出度高い
ブランドロゴの目立つバッグ
ゴテゴテネイル
ミニスカート
カラータイツ
寝ぐせ
ノーメイク
パーカー
ジーンズ
スニーカー
これはダメでしょ
・・・
部屋着で会社来ちゃダメよ
NGコーディネート

スーツは2.3着

新入社員（男性）の中には、スーツを１着しか持っておらず、毎日同じものを着ている人がたまにいますが、これはＮＧ。
同じスーツばかり着ているとシワになりやすく、汚れも落ちにくくなります。**最低でも２着（できれば３着）用意しましょう。**
女性の場合も、スーツをあまり着ない会社でも２、３着はそろえておいたほうがいいでしょう。
何かの会合や取引先へ向かうときなどに着用する機会もあります。黒、紺、ベージュ、グレーなど落ち着いた色を選びましょう。

男性の場合（女性もそうですが）、特に気をつけたいのは靴。
何万円もする上等な靴を買う必要はありませんが、革がすり減って白くなっていたり、過度に傷んでいるものはダメ。
最低でも２足以上の革靴を用意して、常に手入れをしておきましょう。

革靴で気を抜くと×
cream

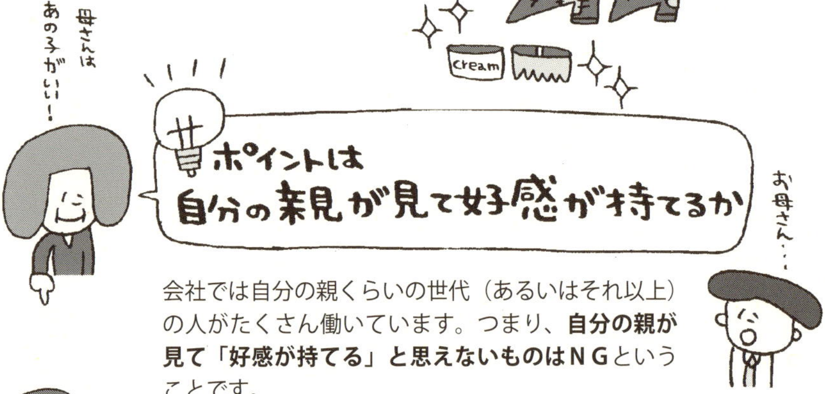
母さんはあの子がいい！
ポイントは
自分の親が見て好感が持てるか
お母さん…

会社では自分の親くらいの世代（あるいはそれ以上）の人がたくさん働いています。つまり、**自分の親が見て「好感が持てる」と思えないものはＮＧ**ということです。
ヘアースタイルは、清潔ですっきりまとまっていることが大切。
髪の毛で顔の一部が隠れてしまうのはＮＧ。
たったそれだけでも印象を落としてしまうので要注意です。
メイクの基本はナチュラル。あまり濃くならないようにしましょう。
職場では、長い爪やネイルアートもダメ。
マニキュアをする場合、目立たず、自然な色合いにすることが大事です。
アクセサリー類がＯＫの会社でも、主張の強いものは避けて、小振りで上品なものを選ぶことがポイントです。

今日は
カジュアル
フライデー
ペケ男の
ファッションチェック！
ジャーーン
カジュアルって言ったらこれでしょ！
チェックのネルシャツ
シルバーアクセ
ダメージジーンズ
よっ色男…
会社へ…
ゾロ
ゾロ
あれあれみなさん…
?!!
フツー
フツーでわるかったな…
ちょっ…ちょっと君！
イタッ
カジュアルって言っても限度があるでしょ！
Good morning!
クルリ
最近の若者は…
ダサッ
Mr.カジュアルフライデー
先輩！教えてください！
ああ…

おしゃれよりも清潔感

会社に行くのにスーツ以外の服装のときでも、最も大切なのは清潔感。
ファッショナブルな服装ではなく「誰からも好感を持たれる」ことを意識しましょう。
先輩や同僚などをよく観察して、それぞれの職場に馴染んでいることが重要です。

ビジネスカジュアルの最低限のマナー

制服のある会社だからといって、通勤時の服装は何でもいいというわけではありません。
あくまでも職場へ行くための服装ですから、あまりカジュアル過ぎるのはダメ。
カジュアルフライデー、クールビズ、ウォームビズなど、カジュアルな服装が許されるケースでも、**「仕事をするための服装」という最低限のライン**は守りましょう。

その他の身だしなみ

社会人の身だしなみとして、ハンカチ・ティッシュは必須。
ちょっとした髪の乱れを直すのに、クシやブラシも持っていると便利でしょう。
サイフ、手帳、名刺入れ、筆記用具も仕事をするための必需品です。
誰か（特に社外の人）から電話番号を教えてもらう場合でも、いきなり携帯電話に登録するのではなく、一旦はメモを取るようにしましょう。

第3章

意外とみんなできていない？
周りに差がつく敬語や電話のマナー

社会人として必須の敬語・電話・メール・訪問＆来客の知識

敬語は社会人の常識
○○割烹の者ですが、A子さんいらっしゃる?
どなた?!
?!
A子先輩 お客さんッス!
会議室に お通しして おいて
A子さんは… 別のお電話で お話し中で ございますから して…
ハ…ハイ
会議室
まだ 入社した ばっかり なんスよ
見るからに そんな感じ よね~ オホホホホ
オホホホホホホ
お菓子 でも…
失礼いたします
カチャ
あっ! A子先輩 来たッス! 先輩! こっち こっち
バリボリ
がんばって
ハイ
な・・・ なんじゃ この 空気!?
ピキ
ちょっと来なさい!
グイッ
ヒェ~
なんで あんたも お菓子食べ てんの!
ガミガミ
ヒ~

代表的な敬語一覧

社会人として恥ずかしくない最低限の敬語はマスターしましょう。
尊敬語と謙譲語の使い方を間違えると恥をかくだけでなく、相手に対して失礼なので、特に注意が必要です。

言う
- 尊敬・・・おっしゃる、言われる
- 謙譲・・・申す、申し上げる

見る
- 尊敬・・・ご覧になる、見られる
- 謙譲・・・拝見する、見せていただく

聞く
- 尊敬・・・お聞きになる、聞かれる
- 謙譲・・・うかがう、お聞きする

行く
- 尊敬・・・いらっしゃる、おいでになる、行かれる
- 謙譲・・・うかがう、参る

来る
- 尊敬・・・おいでになる、おこしになる、お見えになる
- 謙譲・・・うかがう、参る

会う
- 尊敬・・・お会いになる、会われる
- 謙譲・・・お目にかかる

読む
- 尊敬・・・お読みになる
- 謙譲・・・拝読する

知る
- 尊敬・・・お知りになる
- 謙譲・・・存じる

食べる
- 尊敬・・・召し上がる
- 謙譲・・・いただく、頂戴する

ありがとうございました!
お気をつけて~
テクテク
お客様はこうして玄関までお見送りするのがマナーよ!
へぇ~ホテルみたいッスね
やばっ…「ホテルみたいですね」だ
HOTEL
ポワーン
さぁ!仕事に戻るわよ~! ん? どうかした?
?
ククククク…
実は…A子先輩! とんでもないミスを見つけてしまいました
キラン
ククク…
ククク
ミス!?
…
ズバリ! さっき○○社長と●●部長のことを呼び捨てにしていましたね
あれはまずいですよ~
バカ!!!
社外の人には上司だろうが呼び捨てにするのがマナーなのよ!
そうなんですか~

言葉遣いが間違っていると、社外の人に「この会社は社員教育もまともにできていないのか」と思われてしまいます。
会社のカンバンを汚さないためにも、きちんとした敬語を覚えましょう。

よくある失敗は、**自分自身に尊敬語を使ってしまうパターン。**
「取引先の方と一緒に昼食を**召し上がりました**」
「その件ならすでに**お聞きになっています**」
など、尊敬語・謙譲語を正しく理解している人なら「なんだ、その言葉は？」と思うところですが、新人は意外にやりがちなミスなので注意が必要です。

相手に対してうっかり謙譲語を使ってしまうケースもあります。
相手と話している最中に
「**そう申されましても、**こちらとしては…」
と言ってしまったり、
「部署の方たちとご一緒に**いただいてください**」
と言いながら手みやげを渡すようなケースです。

もちろん、社外の人はあなたの言葉遣いの間違いに気づいていながら、何もなかったようなフリをします。そのため、ある程度社会人経験を積んでいるのに、正しい敬語が使えないという人をたまに見かけます。
そんな社会人にならないためにも、新人のうちからしっかりとした言葉遣いを身につけたいものです。

会社では「若者言葉」はNG!

尊敬語・謙譲語とは別に「丁寧語」というのもあります。
いわゆる「若者言葉」から脱却して、上手に丁寧語を使えるのも、社会人として必要なことです。

ぼく・わたし…わたくし
わたしたち…わたくしたち
どこ…どちら
これ…こちら
誰…どなた様、どちら様
ある…あります、ございます
いいですか…よろしいですか
いいです…結構です
今日…本日
きのう…さくじつ
あした…みょうにち
さっき…さきほど

ダメなんスか?

「お食事」「お体」「ご気分」「ご厚意」など、「お」と「ご」の使い方にも注意しましょう。
「お」「ご」は、相手のこと、相手の持ち物などにつける言葉なので、自分にはつけません。
また、「おタクシー」「お事務所」など、何でもつければいいというものではないので、気をつけましょう。

おビル?
おタクシー?

これだけは押さえておこう!

ビジネスではよく使う基本フレーズが決まっているので、そのパターンを覚えておくと何かと重宝するでしょう。

「お世話になっております」
これはあいさつの枕詞のようなもの。自然と出るようにしておきましょう。

「お忙しいところ、申し訳ありません」
わざわざ訪問してくれた人、時間をとってくれた相手などに、この一言をつけ加えるのはビジネスマンの常識です。

「今、お時間よろしいでしょうか」
相手に電話をかけたときなどに使う基本フレーズです。この一言があるとないとでは、印象がまるで違います。問題があれば「何分後に電話してほしい」など、具体的な指示をもらえるはずです。

「お話し中、失礼いたします」
相手が話しているときには、必ずこの言葉から入りましょう。

電話とメールを使いこなそう
よ～し
今日も頑張るぞ～
ゾロ
ゾロ
ちょっと席をはずすけど しっかりやっておくのよ～
ハーイ
RRRR RRRR RRRR
ビクッ！
で・・・電話だ
!!!
RRRRR
よ・・・
よしっ・・・
RRRRRRRRRRRR
はっ・・・
もしもし
マ・・・
ツ・・・
モト・・・
食品
です・・・
ゴニョ
ゴニョ
声小さっ！
○△社の○○です
A子さんは
いますか？
通話中
A子さんは
トイレに
行っていて
いませんけど…
トッ、トイレ!?
そうですか…
では…
電話があった
ことだけ伝えて
ください
ポカーン

電話のルール

かかってきた電話にはすぐ出るのが基本。
3コール以内に出るのが常識です。
それ以上相手を待たせた場合は、「大変お待たせいたしました」と言ってから、会社名を述べるようにしましょう。
電話を受ける際、受話器と筆記用具はセットです。
左手に受話器、右手にペンを持って、いつでもメモが取れる態勢をとっておかなければなりません（左利きの人は逆）。
電話の内容とは、意外に忘れやすいもの。必ずメモを取る習慣をつけましょう。

電話は数をこなすしかない！

電話応対は、社会人になって最初に覚える仕事と言っても過言ではありません。
慣れないうちは「なかなか電話に出られない」（出たくない）という気持ちもあるでしょうが、電話応対がうまくなるには数をこなすしかありません。
新人のうちは「すべての電話を自分がとる！」というくらいの気持ちで、積極的に出るようにしましょう。

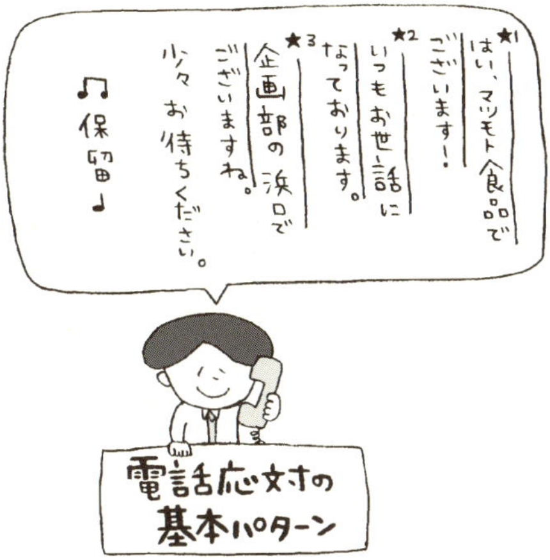
★1 はい、マツモト食品でございます！
★2 いつもお世話になっております。
★3 企画部の浜口でございますね。
少々お待ちください。
♫保留♩
電話応対の基本パターン

☆1　電話に出たらまずは**「はい、○○会社でございます」**と会社名を名乗ります。

☆2　相手が名乗ったら、相手が誰であっても（もちろん、知らない人であっても）、**「いつもお世話になっております」**と応対します。

☆3　「○○課の△△さん、いらっしゃいますか？」というように、希望の相手を指定してくるので、**「○○課の△△でございますね。少々お待ちください」**と言って保留にし、取り次ぎます。
まずは、この基本パターンを徹底的に身につけましょう。

失礼ですが、お名前をお教え頂いてもよろしいでしょうか。
相手が名乗らない場合は？

あいにく○○は外出しております。
○○は席を外しております。
担当者が不在の場合は？

社内の人に伝言する場合、「どこの、誰から、何時に、どんな電話」がかかってきたのかを明確に伝えることが求められます。
「相手が名乗らなかったから、誰からの電話だったかわからない」では通用しません。それを聞いてきちんと伝達するのが、電話に出た人の役目なのです。

「○時に戻る予定なので、よろしければ折り返しお電話いたしましょうか？」をつけ加えるとよいでしょう。「どこにいて、何をしている」という具体的な内容まで言う必要はありません。こちらから折り返す場合は、相手の連絡先を確認することを忘れずに。

2時間経過・・・
カチャ
カチャ
モタ
モタ
?!!
さっきから何してんの？
あのっ、メールの返信を…
Mail
件名 山田商事　御中
お疲れさまです（・_・）/
マツモト食品のペケ男です！！
春はあけぼの・・・
ジャーン
なんじゃ… このメールは…
A子先輩！
だっ・・・だれかっ！
救急車～
救急車なんていらないわよ！
ムカッ
それよりペケ男のメール！
「顔文字」はダメ！
「びっくりマーク」なんて使わない！
季節の言葉もいらないの！
しかも2時間かけて3行かよ～
ヒ～
だって…携帯でしかメールしたことないんだも～ん

携帯のメールとは違う！

最近は仕事上でもメールでやりとりをする機会が増えています。
特に若い人はメールに馴染みがあるでしょうが、**プライベートのメールとビジネス上のメールは根本的に違う**ものなので注意しましょう。

ビジネスメールの基本パターン

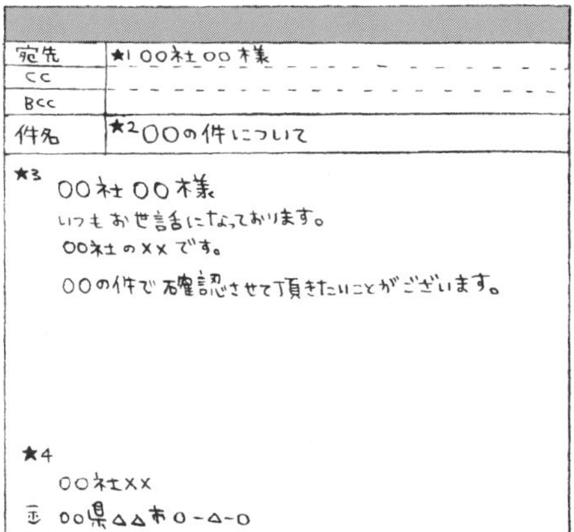

★1　宛先
アドレス帳には、**相手の名前だけでなく社名も設定**しておきましょう。一般的な名字の相手の場合、社名まで登録しておかないと、他の人に送信ミスをしてしまう可能性があります。

★2　件名
「○○の件」「○○について」など、**見ただけで内容が予測できるような件名**にしましょう。
人によっては１日に何百件ものメールを受け取ります。件名を見ただけで、「これは○○の件だな」とわかれば、それだけで相手は助かります。

★3　本文
「相手の名前 → 軽いあいさつ → 自分の名前」という流れが書きだしの基本です。
メールでは時候のあいさつは不要です。
次に「○○について、日時をお伝えいたします」「△△の件で確認させていただきたいことがございます」など、用件を簡潔に述べます。相手が本文を読み始めて、**10秒くらいのうちに「○○の件だな」と理解できることがポイント**です。
できるだけ箇条書きを使って、見やすく書くことが大切。時間や場所、確認事項など、それぞれの項目を分けて、短文で書きましょう。

★4　署名
本文の最後には必ず署名を入れること。
社名、氏名、電話番号、メールアドレス、住所などが入っていればＯＫ。自動で署名が入るようにメールソフトを設定しておくといいでしょう。

素早くメールを書くには「基本形」を覚えてしまうのが一番です。
メールを１通出すのに、数十分もかかっているようでは他の仕事が進みません。
まずはパターンを覚えて、すらすら書けるようにしておきましょう。

社内でのコミュニケーション
入社して1カ月…
だんだん疲れがたまってきたな これが噂の五月病かしらん
モミモミ
ほんとねー
あ！あそこにいるのは同期のミナコちゃん！
これこれでこうだよ
ハイ
ドキン
ドキン
ミナコちゃ〜ん
ひさしぶり〜
ペケ男くん…
ポイッ
うちの課長うるさくてさ……どうのこうの……今度2人で飲み行こ〜
うん？なあに？
ペケ男くんちょっと！
ハ〜イ
今、先輩と大事な話してたのよ！社内のマナーも知らないの？
サイテ〜
み…みなこちゃん…
古川さんが悪いわけではないから…
先輩…本当に申し訳ありません…
ショボーン

社内コミュニケーション

同僚と仲良くなるのはいいことですが、社内で会った場合には「仕事の現場」であることを決して忘れてはいけません。
なれなれしく話をしたり、一緒に大騒ぎするなんてことは絶対にＮＧ。
また、どんなに親しい相手でも、常に相手の状況を考えなければなりません。
上司と話をしているところに割って入るのは相手の立場を悪くしてしまうので、軽く会釈をして通り過ぎるくらいにとどめておきましょう。
忙しそうにしている人には声をかけずに、タイミングを見計らって後で話をするというくらいの気使いが、自然にできるようになりたいものです。

同期とは、支え合う関係でありライバルでもあります。お互いの成功をともに喜びあいながら刺激し合える関係がベストです。
学生時代のように好き嫌いで特定の人だけと親しくするのではなく、チームメイトとして協力する気持ちで広くつきあうようにしましょう。
また先輩は、仕事を教えてくれる身近な存在です。**年齢が近いからといってタメ口ではＮＧ**。丁寧な言葉使いで礼儀正しく接するようにしましょう。先輩を見習い頼りながら、同時に先輩を立てることも忘れないようにしましょう。

仕事は
人間関係
がすべて

仕事をするうえで、人間関係は非常に大切です。
友好的な関係を築ければ仕事にも好影響が出る半面、人間関係がギスギスすると職場にいづらくなったり、仕事がやりづらくなり、効率が下がることがあります。
一番の基本は**「常に相手のことを考えたコミュニケーションを心がける」**ことです。
話し方、話しかけるタイミング、話の内容などについて、「相手の邪魔になっていないかな」「相手は嫌がっていないかな」という意識を心のどこかに持っていると、大きな失敗をせずに済むはずです。

ビジネス世界では
人間関係は
より慎重に！

社内・社外にかかわらず、人の悪口やウワサ話はタブーです。
同僚や先輩と話していると、時として「ウワサ話大会」になることもあるでしょう。その場の空気もあるでしょうから、適当に話を合わせることはあっても、率先して人の話をするのはやめましょう。
その場は盛り上がっても、それを聞いている相手は「この人は他のところで、自分の話もしているだろうな…」と思うはずです。
また、どこでどう話が広まるかわかりません。「Aさんに直接関係のない人だから大丈夫だろう」とBさんにAさんの話をしても、世間は狭いものです。AさんとBさんがいつつながるかわかりません。同じ社内ならなおのことです。

社会では通常の人間関係とは違い、利害関係もからんできます。悪口と意識していないことでも、聞き手によっては悪口と受け取ったり、わざと話を大げさにしてばらすような人もいるかもしれません。
うっかり悪口や暴言を吐き、足元をすくわれるなんてことがないように！

悪口は
NG

次の日…
A子先輩 この伝票の締め切りいつでしたっけ？
伝票
そういうことは経理課の金田課長に聞いてみたら？
カチャ
カチャ
もしもし…すみません カネダ課長さんいらっしゃいますか？
…いません…
ウーム…
そぉ言えば〜経理課にはミナコちゃんがいたハズ！
M
ポワン
ミナコちゃんはいますか？
ミナコちゃん!? あぁ…古川さんね…いません…
A子先輩、カネダ課長さんもミナコちゃんもいませんでしたぁ
つまんないね
ガチャン
カネダ課長さん ミナコちゃん?!!
その呼び方は何なの〜！
っていうかミナコちゃんって誰？

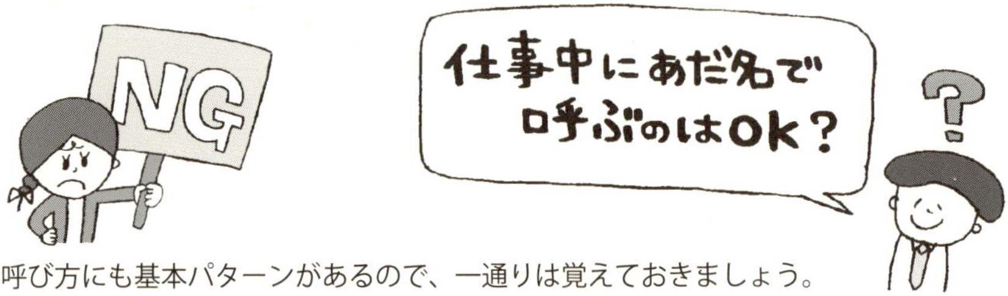
NG
仕事中にあだ名で呼ぶのはOK?

人の呼び方にも基本パターンがあるので、一通りは覚えておきましょう。
たとえ同僚であっても、あだ名や「○○ちゃん」という呼び方はダメ。
男女を問わず「○○さん」と呼び合うのが、もっとも妥当です。
しかし、「さん」づけで呼ぶ、同僚は呼び捨てにするなど、会社によってルールや社風が違うので、それぞれのやり方に従うのがいいでしょう。

「○○課長」「△△部長」など役職で呼ぶ場合、「○○課長さん」のように「役職＋さん」で呼ぶ人がたまにいますが、それは間違いです。**役職に「さん」は不要**です。
飲み屋などで「社長さん！」なんて呼び方をしている場面を見ることはありますが、あれはあくまでも特殊なパターンで、一般的なビジネスルールではありません。
上司に対する呼び方についても、全員を「○○さん」と呼ぶなどのルールを定めているところもあるので、それぞれの会社のやり方に慣れることが大切です。

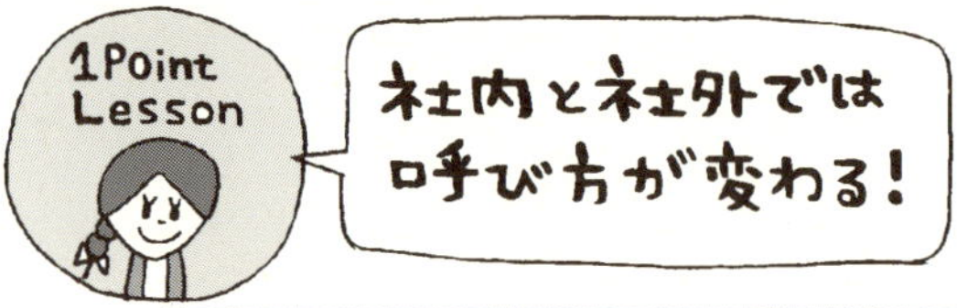
1Point Lesson
社内と社外では呼び方が変わる！

社外
経理課長の金田
やるじゃない！
社内
金田課長

社内と社外では、人の呼び方が変わるので注意が必要。
ふだん、先輩のことを**「山下さん」「武田さん」**と呼んでいても、社外の人の前では**「弊社の山下（武田）が…」**と呼び捨てにします。
また、社内では**「山田課長」「佐藤部長」**と呼んでいても、社外では**「課長の山田」「部長の佐藤」**という呼び方をします。
若い人ほど「上司や先輩を呼び捨てにするなんて、なかなかできない」と感じるでしょうが、社外の人の前で「○○さん」「△△課長」と呼ぶと、先輩や上司も一緒に恥をかくことになるので気をつけましょう。
自分の会社のことは**「弊社」**、相手の会社は**「御社」**という呼び方をするので、あわせて覚えておきましょう。

訪問と来客のマナー
ペケ男く~ん このサンプルを ○△社へ持っていって~
ハイサィ
サンプル
スタ
○△社
ここかぁ
よーし!!!
受付
ムム? 受付?
受付
まぁ、いいや…
スタタタタ…
ちょっと君
勝手に入っちゃ困るよ!
ポイッ
ドスン
まずはじめ 受付通れば こわくない…
ペケ男 心の俳句

営業部
サンプルをお持ちしました
はじめまして、○○です
あっ！名刺・・・どこ・・・だっけ？・・・
あ、あったぞ！よかった〜
クシャ
マツモト食品のペケ男ですよろしくです
改めまして○△社の○○です
おいおいクシャクシャ
クシャ・・・

名刺交換のルール

社会人なら、きれいな名刺を十分な枚数、携帯するのは当たり前です。
新しい人に会ったとき、ボロボロの名刺しかなかったり、名刺そのものを持っていないのは非常に恥ずかしいことです。
定期入れや財布に数枚入れておくのではなく、きちんとした名刺入れを用意しておくことが肝心です。ポケットに直接入れるなど、論外です。絶対にやめましょう。

ペケ男、おとめ座A型ですそれから…好きな食べ物はオムライスです！

名刺交換の基本

1．名刺は相手から字が読める向きに両手で渡す

相手の目をしっかり見て、「○○**会社の△△です**」と言いながら、丁寧に渡しましょう。
テーブルなどがある場合には、必ずテーブルを回って相手の横へ行き、名刺を渡すのが礼儀。もし、テーブルを回れない場合には、「テーブル越しで申し訳ありません」と、一言つけ加えましょう。

※両手で渡すと言っても、相手も名刺を差し出しているケースがほとんどなので、受け渡しの瞬間は片手になってしまいます。受け取った後は必ず両手で持つようにしましょう。

2．立場の低いほう（あるいは、訪問した側）が先に渡す

自分が上司と同席している場合には、上司が名刺交換をしてから、自分が交換するという順になります。
相手から名刺を受け取るときは**「ちょうだいします」**の一言を忘れずに。

3．受け取った名刺はすぐにしまわず、その会談中は名刺入れの上に

相手が複数いる場合は、その席順に沿って名刺を並べておきます。そうすることで、会談中に相手の顔と名前を覚えるのにも役立つはずです。
万が一、名刺を忘れてしまった場合には**「名刺をきらしております。申し訳ありません」**と言って、次回に会ったときに必ず渡すようにしましょう。

また、取引先などで自己紹介をするときは、簡潔にすますことがポイント。
「このたび○○会社様を担当させていただくことになりました△△です」というように、名前を伝えれば、基本的にはそれでOKです。
相手がそれ以上の情報を求めている場合には、相手から「○○さんは、入社何年目？」「先任の○○さんから引き継いだということ？」などと質問してきます。質問されたらそれに答えればいいので、自分から長々と話す必要はありません。

ウィーン
1・2・3・4・5・6
しーん
モジ
モジ
6・5・4・3・2・1
こちらへどうぞ
企画部
お帰りなさい ちょうど良かった 松坂マネージャーを 応接室へお通しして～
ただいまー
ハーイ
お待たせしました
カチャ
しーん
モジ
モジ
応接室
こちらへどうぞ
さっさとお茶いれてきて！
ちょっと！どこに座ってんのよ！
グイッ
ふぇ～
応接室のみとり図
ペケ男
マネージャー
入口
ギョッ!!!
ペケ男が奥に座っている…

遅刻は厳禁！ **10分前には現地に到着**しておくようにしましょう。
あらかじめ電車の乗り換えや駅から現地までの道順を確認して、現場で慌てないように。

着いたら、入口の前でコートを脱ぎます。コート、マフラー、手袋などはすべて手に持って入室するのがマナーです。傘はできるだけ傘立てに入れるようにして、傘立てがない場合には、しっかりと雨水をはらっておきましょう。
「お世話になっております。わたくし、○○会社の△△と申します。本日○時より、○○課の○○さまにお約束をいただいております。お取り次ぎ、いただけますでしょうか」と、自分の名前、約束の時間、来訪者名などを述べ、しっかりあいさつしましょう。

来客に応対する

「お忙しいところ、わざわざお越しいただきましてありがとうございます」の一言を添えるようにしましょう。社内を案内するときは、自分が2、3歩前を歩きながら、手のひらで案内するようにしましょう。相手の歩調を考え、早すぎず、遅すぎない速度で歩くことが大切。

会社の玄関（ビルの入り口など）までお見送りするのが基本。
ビルの高層階にある場合など、エレベーターの前で**「こちらで失礼させていただきます」**という場合もあります。
重たい資料などを渡した場合には、「玄関まで、わたくしがお持ちします」と言って率先して、運び役を買って出ましょう。

応接室、会議室などに入ったときは、**お客様に上座をすすめる**のが常識。入口から遠い、奥の席が上座と考えておけば、まず間違いありません。
これは食事や飲み会などの席順でも同じです。

ボタンを押したまま相手を先に乗せ、相手が乗った後に自分が乗り、操作盤の前に立って自分が操作します。そのとき、あからさまに相手にお尻を向けるのではなく、少し体を斜めにして相手の顔が見えるくらいの角度を保ちましょう。

※お茶やお菓子などは、
必ずお客様から先に出しましょう。

第4章

新人でもこれだけで一目おかれる仕事のコツ

ホウレンソウ・スケジュール管理・会議・整理整頓はどうする？

まずは「ホウ・レン・ソウ」から
ペケ男～ この缶詰、種類別に分けておいて～
ハイ
ハイ
これはこっち…
これはあっち…
テキパキ
テキパキ
終わった～ 部長に報告だ～！
ありゃ？ 忙しそうね… 後でいっか…
ウン…
3時間経過…
チク
タク
さてと… お昼に行くか
フワァ～
よくねた
ぞぞぞ…
お～い さっき頼んだ仕事はまだか～い？
おなかいっぱいだね
ウン♡
それならとっくに終わってますよ～
だったら早く報告しなさい！
ゴロゴロ
ゴロゴロ
ヒー
ヒー

「ホウ・レン・ソウ」は、新人の仕事！

仕事では「ホウ・レン・ソウ」が大事だとよくいわれます。
「報告・連絡・相談」の３つです。

何か仕事を頼まれて、それが完了したら報告するのは当然の義務。
報告をしなければ、その仕事は終わっていないという意識を持ちましょう。

とにかく新人のうちは**「どんなことでも上司に連絡する」**というくらいの気持ちが必要です。
仕事に慣れると「これは報告や連絡すべき事項で、これは必要ない事項」というように選別ができるようになりますが、最初のうちは何でも報告と連絡をするほうがベター。
「上司の耳に入れたくない」と思うことほど、きちんと報告・連絡することが大事です。

わからないことがあれば、まずは上司に相談！
確かに、上司が忙しそうにしていて聞きづらいこともあるでしょうが、**相談をするのもあなたの仕事の一部**です。判断がつかないまま何時間もムダにするのは、あなたにとっても、会社にとっても、そして上司自身にとってもマイナスです。上司が忙しいときには、どんな形で相談すればいいか、ということをあらかじめ話し合って決めておくのもいいでしょう。

相談した内容については、結果報告も忘れずに。
「○○の件ですが、△△さんに教えていただいた通りにやってみたら、うまく処理することができました」と伝えるだけでも、大きな違いがあります。それを聞くことで、上司や先輩も安心するでしょうし、次回の相談もしやすくなります。

今日はちょっと忙しいからこの書類のチェックをお願〜い！
はい！了解ッス！
モク
モク
よ〜し!!!
チェックの鬼と化すぞ〜チェック！チェック！ダブルチェック!!
ドロッ
トン
トン
ん？これはわからないからノーチェック！
ポイ
う〜ん…これも何とも言えないな…しょうがないからミニチェック？
15分経過…
一応だけど…
終わった〜
ワーイ
ワーイ
もうできたの？早いわね！ペケ男!!
エヘヘ
はい！先輩！これッス！
完ペキです！
よッ!!! できる男…
どれどれ

ワナワナ
これのどこがチェック済みなの!?
バンッ!!!
1ーチェック
ミニチェック
1ーチェック
ダブルチェック
ミニチェックなんて小粋なものも入れてみやした
ザブトンもう一枚!
コラッ
新人なんだからわからないことは質問するのよ!
新人たるもの質問すべし A子
これが目に入らぬか〜
ハハ〜
な〜んだ質問していいんスか?
新人なんだから当たり前でしょ!
OK!!!
わ〜い! じゃあこれもあれもこっちもあっちも一から百までぜ〜んぶ教えてくださ〜い!
?の仕事

1st
Bad News
2nd
Good News

言いにくいことほど先に言おう！

いい報告と悪い報告の２つがある場合、**原則として悪い報告を先に**しましょう。「バッドニュース・ファースト」という言葉があるように、悪いニュースを先に伝えるのがビジネスでは常識です。
上司というのは悪いニュースほど早く知りたい生き物。いいニュースばかりを先に伝えて、後から悪い報告をすると「何でそれを先に言わないんだ！」ということになります。

「聞くのは一時の恥、聞かずは一生の恥」

指示された内容がわからなければ、「すみません。ちょっと理解できなかったので、もう少し、詳しく教えていただけませんか」と言いましょう。
新人なのでわからなくて当然。でも、**わからないことをそのままにしておくのは問題**です。ただし、質問するのは「相手の話を最後まで聞いてから」です。上司や先輩にだって、説明の順番があるのですから、途中で話を遮るのはよくありません。

社会人になっても
ノートは必需品！

上司、先輩の話を聞くときは、ノートを持ってメモを取る習慣をつけましょう。「話を聞きもらさない」「忘れない」という以外にも、「この人はしっかりしているな」と相手に好印象を与えることができます。あまり小さなメモ帳よりも、ある程度の大きさ（Ａ５とか、Ｂ５サイズなど）のノートのほうがベター。

上司は意外とチェックしている

どんな仕事でも素直に引き受けて、一生懸命やる。
当たり前のことですが、新人にとってはとても重要な心がけです。仕事の経験もスキルも未熟なうちは、コピー取り、配達、資料づくり、帳簿整理などの、細かい仕事が多いかもしれませんが、そういった業務をこなせるようになっていくことで、少しずつレベルの高い仕事に従事するようになります。
「こんな仕事は面倒だ」とか「あまり意味がない」などと思わずに、何事にも前向きに取り組みましょう。
上司は、そういったあなたの姿勢を見ているものです。どんな仕事にも前向きに取り組んでいれば、「今度はこんな仕事もさせてみよう」と新しい機会を与えたくなります。

スケジュール管理はどうする?
月曜日、朝…
それでは今週の仕事を分配しますね
メモ
これはB子 こっちもB子
これはペケ男 こっちとそっちもペケ男
カキカキ
ヒ〜
ズン
コピー
データ整理
サンプル送付
ヒ〜 いっぱいだ〜
ズン
ズン
コピー
データ整理
サンプル送付
が・・・がんばれ!オレ!
やるぞ〜
メラ
メラ
あたふた
あたふた
A4
B5
あたふた
1時間後…
もうダメ…
ヒ〜
ど・・・どうしたの!?
もうダメ・・・サヨナラ・・・

スケジュール管理・締め切り

いかに効率よく、確実に仕事をするか。
社会人なら常に頭に入れておかなければならないことです。
そのためにもまずは**「TO DOリスト」（やらなければいけないことリスト）**を作りましょう。
思いついたことを、思いついた順番にやるようではダメ！
やるべきことをリスト化して、そのなかで優先順位をつける。これが仕事の基本です。
優先順位のつけ方は、P74・75を参考にしましょう。

まっしろ……
この手帳、誰の？
誰のかしら？
？
あっ！手帳が落ちてる！
!!!
Schedule
まっしろ！まるで銀世界だわ…
A子先輩！この手帳まっしろです…
まっしろ？
What？
まぁ本当！
ザワ
手帳に何も書かないのはただ一人…
キラン
こいつしかいない！
ただいま〜マックのクーポンいる人〜？？
マックークーポン
いる？

仕事のスピードアップには手帳が欠かせない！

何か仕事を頼まれたときは、いつも「締め切り」を意識しましょう。
もし、締め切りを言われなかったときは、**「この仕事はいつまでですか？」と必ず質問**しましょう。
そして締め切りを確認したら、まずスケジュール帳に記入。スケジュール帳にはアポイント（誰かと会う約束、会議など）だけでなく、「どの仕事をいつまでにやるのか」という内容もしっかりと書き込みましょう。スケジュール帳を見るだけで、自分の仕事の全体が把握できるのが理想です。

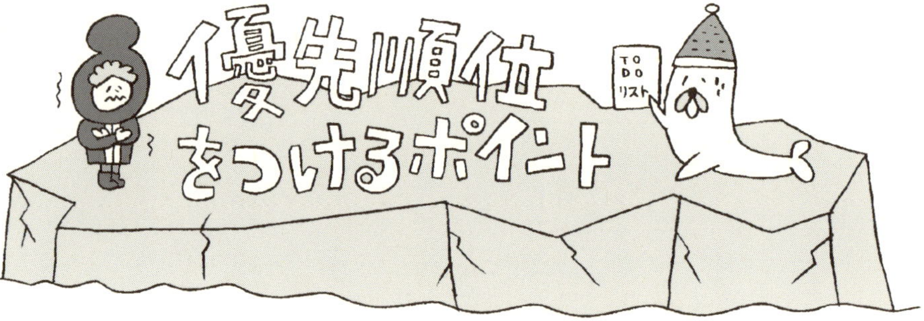

優先順位をつけるポイント

「TO DOリスト」を作ったら、それぞれの項目に優先順位をつけます。

① 緊急度の高い仕事から手をつける

要するに、締め切りが早い仕事からやるということです。そのためには、確実に、締め切りをメモしなければいけません。スケジュール帳には必ず締め切りまで書きましょう。

② 相手の都合が関係する仕事は早めに手を打っておく

たとえば、誰かと打ち合わせが必要ならば、アポイントだけは先に取っておきましょう。来週打ち合わせをしたいからといって、その週にアポを取ろうとするのでは遅すぎます。また、誰かに仕事を頼まなければならない件についても、早めに依頼しておかなければなりません。締め切り間際になって、人にお願いすると相手に迷惑をかけるだけでなく、あなた自身の仕事にも影響します。

3 手のつけやすい小さな仕事から取りかかる

上手なスケジューリングのポイントは、**うまく助走をつけて、仕事のペースを上げていく**ことです。最初から難しい仕事に取りかかろうとすると、なかなかエンジンがかかりません。簡単な仕事、細かな作業をテキパキと終わらせることで、仕事のペースは自然に上がってきます。しかも、上司への報告も早めにでき、「きちんと仕事を進めているな」という印象を与えることにもつながります。

4 周囲の状況を気にする

締め切りは同じ日でも、「○○課長から頼まれた仕事を先に終わらせたほうがいい」「△△さんはいつも急いでいるからこっちを優先したほうがいいかも…」など、ちょっとした状況の違いがあるはずです。そういった空気を読めるようになると、周囲からの評価もグッと上がるでしょう。
また、「残った分は残業すればいいや」と思っていても、上司が帰ってしまい不明点が確認できないというケースもあります。「もしかしたら確認が必要かもしれない」と思う仕事は、早い時間にこなしておいて、自分一人でもできる仕事を後回しにするというやり方もあります。

新人のうちは「相手が求めるレベルに仕事が到達していない」という問題も起こりやすいもの。もちろん、そうならないのがベストですが、キャリアが少ない分どうしてもそのリスクは高まります。そのため、1時間でも早く仕事を終えて、提出し確認してもらうことが大切。
「この部分はこう直してほしい」と言われることを考慮して、猶予の時間を確保しておきましょう。

ミスや失敗をしたときは？
取引先との打ち合わせで資料を忘れたペケ男…
約束した資料を持ってきてもらわないと困るよ！
プンプン
あ…すみません事情がありまして…
エヘヘ…すみません…
モクモク
昨日、徹夜で頑張ったんですけどね…間に合わなくて…
徹夜
このとおり
ね♡
きみの都合はどうでもいいの！
キー
ヒ〜
す、すみません明日には必ずや…
ペコペコ
それはそうと…
ヒソヒソ
ちょっと…
？
この話はここだけの話に…上司には内緒にしてくださいね…
ヒソヒソ
!!?
男と男の約束ですよ
ちょっと…君…
じゃ、そういうことで！
スタスタ
なんちゅうやつだ…

RRRR
RRRR
はい
マツモト食品
でございます
どうも
お世話になって
おります
ええっ!?
ペケ男が…
ちょっと!
あんた!
資料を
持っていかな
かったん
だって?
ちっ、あいつ
言ったのか
グイ
男と男の約束だと
言ったでござる!
おぬし
しゃべったな!!!
ヒ〜
男と
男の
約束じゃ
ない
でしょ!
カキン
ヒ〜
ドンッ
資料ができてない罪
報告してない罪
重罪
報告しなさいって言ったでしょ〜
ヒ〜
ごかんべんを〜

ホウ・レン・ソウの項目でも述べたように、**ミスや失敗ほど真っ先に報告**しましょう。ミスやトラブルの内容によっては、上司しか責任が取れないものもあります。自分に都合のいいように報告するのではなく、現状を正しく伝えることが大切です。

ミスやトラブルが発生した場合、部下（つまり、あなた自身）のことより「その問題をどう解決するか」ということをまず上司は考えます。つまり、「あなたが何をして、何をしなかった」とか、「この問題は自分のせいではない」といった内容よりも、「どんな状況になっているのか」という正確で私情をはさまない情報を求めています。

ミスやトラブルはわかった時点で報告するのが大前提です。事が大きくなってから報告したり、報告の仕方をウジウジ考えているうちに時間がたってしまうというのは絶対に避けましょう。

「もしかしたら、○○のような問題が起こるかもしれません」と事前に上司へ報告し、相談するくらいの意識が重要です。そのタイミングで相談すれば、上司なりに手を打ってくれるかもしれませんし、問題が大きくなったとしても、上司もスピーディに対応できます。

ミスをすることより、問題が起こったことを素早く報告しないことのほうがより大きな問題だということを忘れてはいけません。

取引先とミスやトラブルが発生したが、自分の力で無事解決できたというケースも当然あるでしょう。そのような場合でも、上司には必ず報告しておきましょう。

次の機会に、上司と取引先の人が会った際、「先日は、うちの○○がご迷惑をおかけして、申し訳ございませんでした」と、一言謝ることができるからです。このやりとりができないと、上司が恥をかいてしまいます。上司に謝罪を受けた取引先の人も、ミスを隠さず、きちんと上司に報告しているという点で、あなた自身と会社に対する信用度がアップするはずです。

ある日…
B子さんいるかな？
打ち合わせで外出中です…
営業部 高田
このパッケージ赤にしてって言ったのに全然違うじゃん！クライアントカンカンだよ！
お魚大好き
そう言われましても…関係ないし…僕、新人だし…
なんだって？!!
おまえも企画部の人間だろ！関係なくない！
ボクの仕事じゃないもん…
ポイ
す…すみません…
B子にはやり直すように伝えておきます

なんでA子先輩あんなに謝っているんだろ？
ふー…さんざんだった…

同じ部内なら…

社外の人から見れば、社員は全員「担当者とつながっている」と思われています。同様に、部外、課外の人から見れば、その部や課の人は「担当者とつながっている」と考えるものです。
たとえ、自分が担当者でなくても、「担当じゃないから、知りません」は通用しません。相手の話や要望を聞いて担当者に伝達する。その役割は全員が担っています。相手に迷惑がかかっているのであれば、担当者に代わって謝罪するのも当然のことです。

おまけ編
ミス連発のペケ男
いつもいつも
ミスばっかりして!
ガミ
ガミ
遊びで
やってんじゃ
ないんだよ!!!!
グサッ
ポツ…
外の風に
あたってきます…
?
マツモト
会社をやめる…やめない…
やめる…やめない…
プチ
キラ
いつまで
引きずって
いるの?
次の仕事を
成功させる
ためにも
気持ちを
切り替えて!
マツモト食品
キラ

素直な謝罪
で評価UP

ミスをしたら、何よりもまず素直に謝りましょう。
状況によっては、一言言い訳したいというときもあるでしょう。しかし、言い訳をして、あなたの評価が上がることは絶対にありません。
まずは謝って、「今後どのように対処すればいいか」を考えることが大切です。
誰か別の人のせいで起こっている問題だったとしても、対応の仕方は同じです。
誰のせいであっても、自分の問題としてまずは謝る。そして、善後策を考える。
この姿勢を常に持っていれば、その態度が必ず評価されるはずです。

ご
め
ん
な
さ
い

仕事をしていれば、多かれ少なかれ必ずミスをしてしまいます。ミスを反省することは大切ですが､引きずらないことも重要です。**いつまでもウジウジと悩んでいると、次の仕事でもミスをする可能性が高まります。**
起こってしまったミスはミスとして、心のなかに止めておいて、気持ちを切り替えるように心がけましょう。
ミスをしたり、叱られた翌日ほど、大きな声で、元気にあいさつすることがポイントです！

気持ちの
切り替えが
大切！

ビジネスマンにメモは必須
今日は初の社外プレゼン！
ペケ男～行くわよ～
ハーイ
行ってくるね。
ガンバ!!!
ワクワク
〇△社会議室
では、まずお手元の資料をご覧ください
ホウホウ
フムフム
いいね～ところで〇〇はどういうこと？
それはこうこうこれでああで〇〇なんです
マーケティングの結果では〇〇で〇〇なんですよ～
ポツン…
ワイワイ
へ～なるほど
ガヤガヤ
いいじゃないやろうよ！
お～いところで君はどう思うの？
ビクッ
ガタ
えっと…それはそのいきなりふられてもね…
しどろもどろ
ポカーン
君は会社の一員じゃないの…？もう…いいよ…

新人はまずはメモを取ることから！

会議中はメモを取りながら話を聞くのが基本です。
机の上には必要な資料、筆記用具、メモやノートなどを必ず用意しましょう。
新人のうちは、意見を言うのは難しいでしょうが、気になった点、自分なりによいと思った部分などを簡単に書きとめておくと、発言するときの材料になります。
ただし、メモを取るのに夢中になりすぎないように注意！

ウ〜ン
？
どうしたの？
お腹でも痛いの？
メモ
実は…
打ち合わせで
初めてメモを
取ったんですけど
うまく読み返せ
なくって…
どれ？
コレです…
です…
メモ
どれ
どれ
フム
フム
メモ
わけわからん
・新しいお菓子のサンプルが
どうとかこうとか……
・パッケージデザインは
バシッとした感じで…
・スケジュールはもろもろ
大変そうだ……
なんじゃ
このメモは！
プル
プル
メモ
それじゃあ、仕事にならないでしょ…
メモの
基本は
5W1H
でしょ！
へー!!!
5W1Hかぁ…
Hはなんだろう？
Wine
Women
Wink
White
Wow!!!
ポワーン
Hは
Hawa……
じゃない？
えっと…

メモは
5W
1H
で！

- **○ When・・・いつ**
- **○ Where・・・どこで**
- **○ Who・・・誰が**
- **○ What・・・何を**
- **○ Why・・・なぜ**
- **○ How・・・どのように**

これらのポイントを意識してメモを取っていくと、話の要点をうまくまとめることができます。「How」に関しては「How much」（いくら）、「How many」（いくつ）という項目も加えておきましょう。

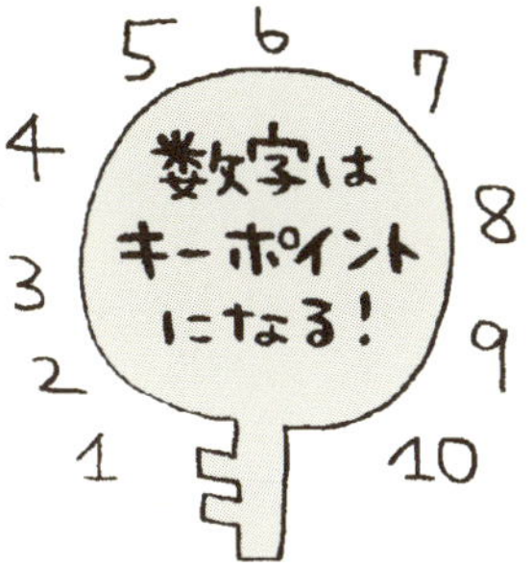
数字は
キーポイント
になる！
1 2 3 4 5 6 7 8 9 10

会議に限らず、数字を正確に記録しておくのはとても大切。**日時、場所、金額、個数、人数など、数字は重要な情報の可能性が高い**ものです。それでいて、メモをしておかないと簡単に間違ってしまう危険性があります。
会議や打ち合わせ、電話など、あらゆる場面において数字は特に注意して記録しましょう。

話の内容がまったくわからないようでは、会議に参加している意味がありません。参加する際には必ず、事前に資料が配られていれば目を通しておきましょう。
特に社外の人がいる席では「新人なので、何もわかりません」という態度は通用しません。
仕事をするメンバーの一員として役割をまっとうするためにも、できる限りの事前準備を整えておきましょう。

事前準備
は絶対！
緊張感を
持って臨もう

意見を求められて
「特にありません」
は×

意見を求められたとき、「何を言えばいいのかわからない」とパニックになることもあるでしょう。だからといって**「特にありません」「前の人と同じです」という答えは×。**
周囲の人と同じ意見でも、「みなさんの意見と重複しますが、私も○○がもっともよいと感じました」という言い回しならば聞こえもよいです。

自分の意見を言うときは、結論を先に述べるのが鉄則。
「私は○○がいいと思います。その理由は…」
という話の構成を常に意識しましょう。
長々と話をして、なかなか結論がわからない話し方ではＮＧです。周囲からは「いったい何が言いたいんだ？」と思われてしまいます。
「結論＋簡潔な理由」という基本を忘れずに。
これは口頭だけでなく、文書やメモでの報告・説明の際も同じことが言えます。

会議中、誰かを攻撃するような言い方は避けましょう。反対意見を述べるのは構いませんが、そのときにも気づかいは不可欠。

「○○については私も賛成なのですが、一点だけ気になる部分があります…」
「○○さんのご意見とは、少し違った見方になってしまいますが…」

など、ちょっとした気配りフレーズを添えるだけでも、印象は変わります。反対や否定だけを言うのではなく、必ず代案や自分の意見を言うことも重要です。また発言をする際にも、相手の意見を最後まで聞き途中で遮るようなことがないようにしましょう。

仕事に関する緊急連絡が入るなど、一部の例外を除いて、打ち合わせや会議中は、**携帯電話の電源はオフにする**のが最低限のマナー。
会社の社風、ルールにもよりますが、バイブモードでも話し合いの妨げになる可能性があるので注意しましょう。

社外の人との打ち合わせに際して、どうしても出なければならない電話がかかってくる予定があるなら、「申し訳ございませんが、打ち合わせ中にどうしても出なければならない電話がかかってくる可能性がありますので、その際は失礼してもよろしいでしょうか」と一言断っておきましょう。

整理整頓・オフィスのマナー
みんな～㊙の資料を持って集まって～
ハーイ
ハーイ
えっと…
㊙…
㊙…
お～い ペケ男はどこだ?
は～い! ここにいま～す!
捨てちゃったかも…
ヤバッ
あれ? ないなぁ…
クズ入れ
カラッポ
おばさん、ここにあったゴミは!?
さっき廃品回収車に出しちゃったわよ…
クズ入れ
ガンバッテ～
やばい やばい 急げ～
ちり紙交換でございます
ご不用になりました…
705
待って～

デスクは自分の部屋じゃない！

自分の机だからといって、机の上も、引き出しのなかも散らかり放題というのは問題です。あくまでも、**会社・事務所という公共スペースにいる**ことを忘れずに、必要なものがすぐに出せるように、日頃から整理・整頓しておくことが必要です。
自分が休みの日や外出中などに、取引先から急な連絡があって、別の人が資料を探さなければならないというケースもあるでしょう。そのときに「一番上の引き出しに入っています」などとすぐに説明できるといいでしょう。

不要なものをいつまでも残さない
クサイよ・・・

書類や資料など、不要になったものを捨てることも必要。
ただし、「何を捨てて、何を残しておくべきか」わからないときは、必ず上司や先輩に相談しましょう。会社によっては、決まったファイリングの仕方があったり、部署ごとに一括保存している場合もあります。

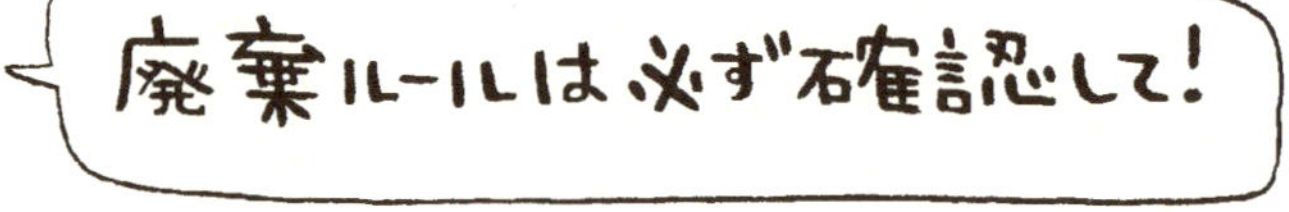
廃棄ルールは必ず確認して！

書類を捨てる場合、廃棄用の棚や箱を用意している会社もあれば、すべてシュレッダーにかけるなど、社内や部内でルールを設けているところもあります。
ゴミとはいえ、中身には重要な顧客情報が含まれているかもしれません。
ただゴミ箱に捨てればいいというものではありません。
それぞれの会社のやり方をきちんと確認して、ルールを守るようにしましょう。

クリ〜ム ソ〜ダは 美味しい な〜♪
ゴクゴク
ちょっと！ 会社で何を 飲んでるの!?
ビクッ
わぁ
ベチャ
僕の クリーム ソーダが…
チュー
ちょっと
何やってんの!?
ヒ〜
ヒュ〜〜ン
プツ…
ギャー
すみません！ すっ、すぐに 修理に 持って いきま〜す！

待ちなさい！
修理はいいけど中のデータは？
よ～っ
心配ご無用！
バックアップはちゃんと取ってありますよ！
へへへ・・・
ってあれ!? これ違うCDだ…
木村カエル
BESTHIT
ツタヤ
レンタルCD
返却
何だこれ？
ペケ男の
バックアップCD

パソコンの中のデータの取扱い

書類作成やデータのやり取りなど、多くの作業をパソコンで行います。
しかし、パソコンの中だけにデータを保存しておくと、パソコンが故障したらすべてダメになってしまいます。
そんなときに備えて、重要な書類・データは必ずバックアップを取っておきましょう。ただし、バックアップ（ＣＤやＵＳＢメモリなどのメディア）の取り扱いには細心の注意が必要です。
持ち運びに便利な分、紛失や盗難に気をつけましょう。

情報漏洩は他人事じゃない

会社で扱う資料、データの中には、社外秘のものもたくさんあります。
どこかで資料を紛失してしまったら、自分自身が困るだけでなく、会社に多大な迷惑をかけてしまう可能性もあります。
個人情報保護法が施行されてからは、特に情報管理が厳しくなりました。あなたが情報を紛失したために、会社全体が社会的な信頼を失うということも十分に考えられます。

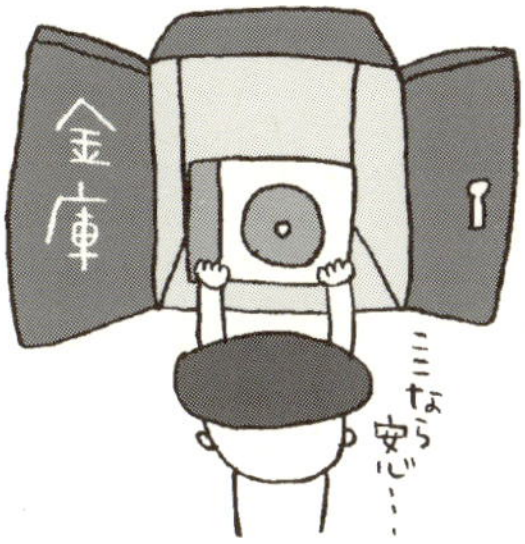

情報の持ち出しには細心の注意を

データのバックアップをとったメディア（ＣＤ、ＵＳＢメモリ、ＳＤカードなど）の扱いには特に注意が必要です。

パソコンが故障したときのことを考えて、**バックアップを取ることは必要ですが、重要情報の入ったメディアは安易に持ち歩かないように**しましょう。
大容量のデータを持ち歩けるだけに、紛失したときの被害は莫大です。
仕事で使っているノートパソコンを持ち歩く場合にも、電車やお店に置き忘れたり、盗難に遭わないように気をつけましょう。

オフィスは公共の場

机やイス、ロッカーやパソコンなど、個人的に使っているものでも、会社の備品であることに変わりはありません。どんなものでも、きれいに、丁寧に使うように心がけましょう。
食べ物のカスが残っていたり、飲み物をこぼさないように注意するのはもちろん、汚したらすぐにきれいにする習慣をつけましょう。

第5章

お金を稼ぐってどういうこと？ 学生とは違う社会人のお金

ボーナス・年金・保険・手当…　社会人としての金銭感覚とは？

お金を稼ぐってどういうこと？
今日はペケ男が初めて企画した商品の発売日！
クマの缶詰
新発売
ニコニコスーパー
特売日
ぼくの商品売れるかなぁ？
売れるといいわね
あった！
キラーン
うーん
新発売
A子先輩！あの人買いそうです！
どれどれ…本当ね！
必殺
念力
買え〜
買え〜
食べてみようかしら？
サッ
ヒャッホーイ
オホホホホ…
？
¥お会計¥

給料はどこから出ている？

最終的に**「どんなお客様がお金を払ってくれているのか」**を意識することはとても大切。
給料は会社からもらっているといっても、そのお金を出しているのはお客様です。
突きつめれば、どんな職種でも**「お客様を喜ばせるため」に働いている**ようなものです。
常に最終消費者のことを頭に置いて、仕事をするように心がけましょう。

自分の仕事がどんなふうに利益を生んでいるのか？
実際の仕事の現場ではなかなか意識しにくいものです。
自分で作った商品を、目の前のお客様に売るというタイプの仕事ならわかりやすいでしょうが、事務所の中でパソコンに向かっているとあまりイメージできません。
しかし、どこかでお客様がお金を払ってくれているからこそ、会社は維持できるのです。
末端の消費者のことを考えながら仕事をすることがとても大切なのです。

当然の話ですが、**あなたが仕事をして給料をもらうということは、どこかで、誰かがその分のお金を払っている**ということです。
あなたがきちんとした仕事をすれば、その「見えない誰か」は喜んでお金を払ってくれるでしょうし、いい加減な仕事をすれば、お金を払いたいとは思わないはずです。
自分がお金を払う立場になってみれば、**「同じお金を払うなら、いい商品やサービスに払いたい」**と思うに決まっています。
その気持ちを忘れずに、目の前の仕事に従事することが大切なのです。

「お客様が何を求めているか」を考えることは、あらゆる場面で役に立ちます。
新しい商品を企画するには、**顧客のニーズ**を考えなければならないでしょうし、売り場のレイアウトを変えるときも、お客様にとって魅力的であることが重要です。
たとえば、会議の席などでも「自分がお客様だったら、こうしてほしいと思います！」という意見は説得力があります。
会社というのは、お客様に向けて商売をしているのです。
その基本を忘れないようにしましょう。

ちょっと
この
請求書
なに!?
経理課長
金田
企画部は
ムダ使いが
多いわよ！
ハ、ハイ・・・
領収書
マツモト食品御中
¥50,000－
但 文具
上記正に領収いたしました
ん
?!!!
五万円!?
高級
ボールペン
は仕事が
はかどるな～
ウン
スラスラスラ～
まっ・・・まさか…
人を疑っちゃ
いけないけど…
ペケ男だからなぁ…
ペケ男～いいボールペン
使っているわね～
それ、どうしたの？
さすが
A子先輩！
お目が高い！
経費で
買ったん
ですよ～
コラッ！
給料から
差し引くわよ!!!
え～
なんで～

「会社の経費だからムダに使っても大丈夫」と考える人がたまにいるようですが、これはとんでもない間違いです。
会社というのは、お客様から得た利益をさまざまな部分に分配します。
その一部が、備品などの必要経費だったり、社員の給与や賞与だったりするわけです。
つまり、**経費のムダ遣いをするというのは、社員全員の給与や賞与に回すお金を減らしているのと同じ**です。会社のお金といっても、決してムダにはできないのです。

経費で買ったものは会社の持ち物

文房具や事務用品など、「仕事でも使うから…」という理由で、私物を経費で買うのは絶対にＮＧ。
自分のものは自分で買って、経費で購入したものは「会社の備品」というように、はっきりとしたラインを引くことが大切。
会社のコピー機やＦＡＸ機を個人利用するのもダメです。
仮に個人利用している先輩がいても、決してマネしないようにしましょう。

そのお金は会社のためになる?

食事会や飲み会などで、「今日は経費で落とす」というケースがあります。いわゆる交際費、会議費、その他の接待費などの扱いは、業界や会社によって大きく違います。
新人のうちは、経費を使って食事をしたり、飲みに行ったりする機会は少ないでしょうが、上司や先輩たちがどのように経費を使っているのかを知っておくことは大切です。
会社の経費というのは「会社が利益を得るために必要なお金」のことです。その利用目的に沿っているかどうかをきちんと判断するモラルを持ちましょう。

給料や手当・ボーナスの基礎知識
あ～あ…
最近
金欠だなぁ…
BANK
残高500円かぁ…
フー
あれれ…
思っていたより
給料が
少なくないか…？
ムムッ…
BANK
も・・・もしや
部長がくすねて
いるのか？
マックおいしー
Coke
ギロッ
ウン
こうなったら
調べてやる～
給料明細…
給料明細…
ガラガラ
どれどれ…
じっくり
見てみま
しょうじゃ
ないの！
BANK
給与明細
通帳
BANK
マツモト食品
給料
15万円
給与明細
基本給　18万円～
ああ～
やっぱり～
部長が
くすねて
いたのかぁ～！
18万
15万

?!
ズンズン
部長が犯人だ!
wんのち?
?!
?!
BANK
基本給 18万円
マツモト食品 給料 15万円
バンッ
15万円しか振り込まれていないじゃないですか!
ヒ〜
ギャーギャー
みなさん!スキャンダルですよ〜
?!
?!
号外
犯人はコイツだ!!
マツモト食品ピンはね疑惑発覚!!!
号外
号外
号外
号外
号外
号外
号外
お〜い誰か〜このバカに**天引き**のこと教えてあげて〜

ペケ男！ちょっとこっちへ来なさい！
ピンはねやめろ～
号外
まったくも～基本給と振込額が違うのは当たり前のことなのよ！
えっ？
ホケ～～

額面と手取りとは？

一般的に給与といえば**「額面」**と**「手取り」**という２つの捉え方があります。
会社が社員に対して「これだけ支給しますよ」というのは、いわゆる「額面」ですが、その金額がそのまま銀行口座に振り込まれるわけではありません。
その額から、**雇用保険や健康保険、厚生年金保険、所得税、住民税**などさまざまな分が引かれてから、口座に振り込まれます。
このようにあらかじめ引かれるシステムのことを**「天引き」**といいます。
「額面」から天引きされた分を差し引いて、振り込まれる金額が「手取り」というわけです。

なるほど!!!

号外回収しま～す
お騒がせしました…
部長がピンはねしていたんじゃなかったんですね…
ゴメンゴメン
モミ
モミ

金額だけでなく明細も必ずチェック!

給与明細を受け取ると、口座への振込額だけを見る人がほとんどですが、まずは、**出勤日数、休日出勤、残業時間**などを確認して、数字が正しいかどうかを確認しましょう。
支給額から、どんな内容のお金が、いくら引かれているかをチェックするのも重要なこと。単純に、振込額が多いとか少ないというだけでなく、税金や年金、保険についてなど、社会のしくみについて学ぶチャンスでもあります。

●**所得税**
所得に対して課税される税金。毎月給与から天引きされますが、この金額はあくまでも概算値です。払いすぎたり、足りなかった分を年末調整で精算します。

●**住民税**
住民税は、住んでいる地域に納めるものですが、会社員については会社が徴収する義務があります。住民税は前年の給与総額をもとに計算されるので、入社１年目の人は住民税が天引きされていないケースもあるでしょう。

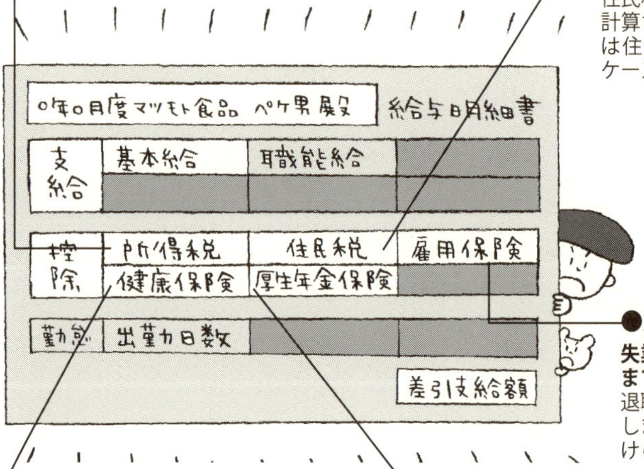

●**雇用保険**
失業したとき、次の仕事に就くまでの生活を保障する保険。退職して、無職の期間ができてしまったとき「失業給付」が受けられます。

●**健康保険**
ケガや病気など、病院にかかったときの治療費や薬代の一部を保障する保険。この保険に入っているから、ある水準以上の治療を比較的安価で受けられるのです。
ちなみに、健康保険料の一部（主に半分）は会社が負担してくれています。

●**厚生年金保険**
老齢や障害を受けたときなどに受ける年金。健康保険同様、保険料の一部（主に半分）は会社が負担してくれています。そのため、会社員でない人たち（自営業者、フリーで働く人たち）より手厚い年金制度になっています。

よっ、飯でも行く？
うん 行こ行こ～
でさー課長がねー
おい、そこで食べてかない？
いや…ここは…高いでしょ…
アタフタ
今日は俺のおごりだから安心しろよ！
キラ キラ
ボッチャマ!!!
いや、いくらお前が王家の息子だからって…同期におごってもらうわけには…
いんや!!!
王家の息子じゃねーよ！
ペシッ
そーだっけ？
今月は残業手当をいっぱいもらったんだよ！
金持ち!!!
エッヘン
ジャー
残業手当？

給料の他のうれしい手当

給与には、基本給の他にさまざまな手当がつきます。残業をすれば**残業手当**がつくでしょうし、**住宅手当、通勤手当**などによって住まいや通勤時の交通費も保障されます。配偶者や子どもなどを扶養している場合に支給される**扶養手当**も一般的です。その他、役職に応じて支給される**役職手当**（主任手当、管理職手当など）、営業手当のように仕事・↗

↗職務の内容に応じて支給される**職務手当**、資格を取った場合に払われる**資格手当**、一定の技術があると認められた場合の**技術手当**があります。いずれも、会社によって支給される種類・額は違いますので、入社前から確認しておきましょう。

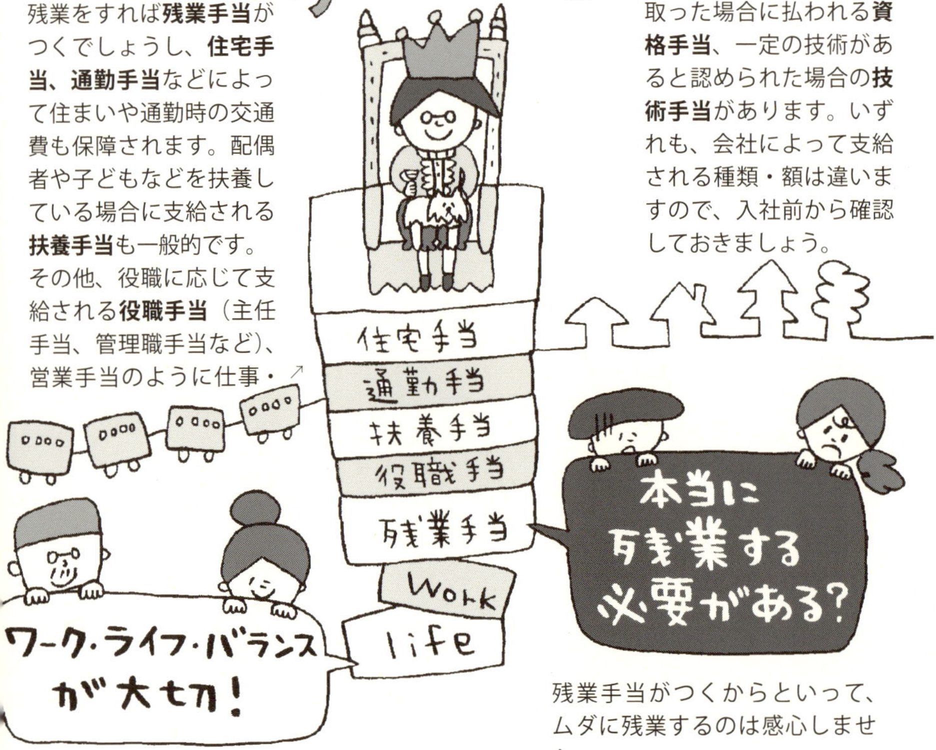

住宅手当
通勤手当
扶養手当
役職手当
残業手当
Work
life
ワーク・ライフ・バランスが大切!
本当に残業する必要がある?

最近耳にする機会も増えてきた**「ワーク・ライフ・バランス」**。
簡単にいうと**「仕事と私生活との両立」**という意味で、働きながら私生活も充実させられるように職場や社会環境を整えることを指します。
女性でも子どもを育てながら仕事ができるような子育て支援や、男性も仕事ばかりでなく子育てや家庭にも時間をさける制度が充実してきています。

残業手当がつくからといって、ムダに残業するのは感心しません。
会社によっては「定時に帰れないのは当たり前」という雰囲気のところもありますが、最近は「残業はできるだけなくそう！」という動きのほうが一般的。
いずれにしても、**残業というのは「やむを得ない場合にするもの」**です。
手当目的の残業をしていると、周囲からひんしゅくを買ったり、上司からの評価も下がるので注意しましょう。

翌日…
よ～し今日は残業するぞ～
今日は22時まで残業だからのんびりやるか～
ラクしてお金をもらえるなんて最高だなぁ…
退社時間だよ
キンコンカンコーン
もう5時だけど仕事は終わったの？
やっと5時!?
終わっていないけど大丈夫なのです！
なぜなら今日は…
ペケ男の残業デーなのです！
勝手に残業デーなんて決めるな！
せっかく寝袋まで持ってきたのに…
泊まる気だったペケ男

今日は初ボーナス
今日は初ボーナスですよ～
初かぁ～楽しみでしょ～
ウヒヒ
毎月のお給料じゃ欲しいもの買えないしね
アクセサリー
ドレス
ペルシャネコ
ポワ～ン
思い出すわ～初ボーナス♡
高級車
カッコイイスーツ
PS
ゲーム機
ポワーン
そうですよね～
でも…今年は少ないかもね…不景気だから…
チクチク
ええ!? 不景気だとボーナスって減るんですか？
そりゃそうよ
その年の業績によってボーナスの額はかわるわよ
会社によっては出ないところもあるのよ…
な・・・なんてこった…

ボーナス♡

「会社員なら賞与（ボーナス）がもらえて当たり前」と思っている人もいますが、実際は違います。
そもそも賞与（ボーナス）というのは、**会社側が支給の有無、条件などを就業規定によって自由に決めることができるものです**。つまり、その年の業績によっては支給されないことや大幅に削減されることも十分あり得るのです。逆に社員の頑張りにより業績が上がれば、その分社員に還元されるというわけです。

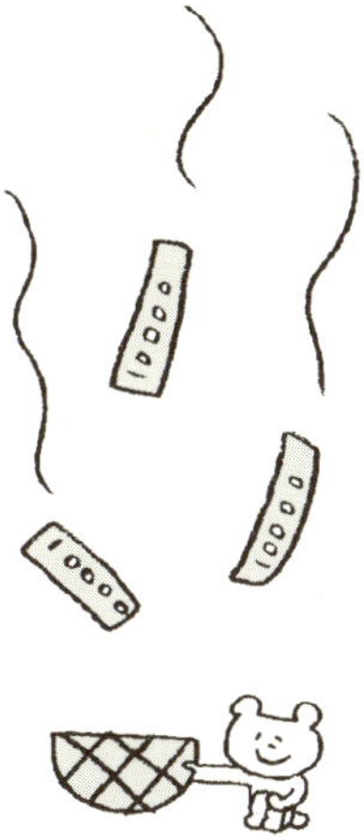

「いつ」「いくら」もらえるの？

一番気になるのは、賞与（ボーナス）が**「いつ」「いくら」もらえるのか**という部分ではないでしょうか。支給時期も会社によって違いますが、**一般的には夏期と冬期に支給**するケースが多いでしょう。
支給額は、**「基本給の○カ月分」**と定めているところや、業績によって変動させる会社などさまざまですが、やはり会社が儲かっていれば賞与も多く、会社の業績が悪ければ賞与が少ない（あるいは支給されない）というパターンが基本です。

原則として、**賞与は一定期間働いた従業員に対して、総括的な評価のもとに支給される**ものです。そのため、毎月の労働に対する直接評価として支給される給与とは意味合いが違います。
そうは言っても、会社を辞めるとき「ボーナスをもらってから辞める」という話をたまに聞きます。
一定期間働いた人という条件であれば、賞与の支給時期よりも前に退職した人にも支給するべきところですが、就業規制によって「支給時に在籍している人」などの条件があるために、退職時期を遅らせようという考え方が生まれるのです。

自分の会社の
ルールは
知っておこう

貯金と人生設計

ある日の朝礼…
今日は浜口から報告がある…
ゴホン
ザワ
ザワ
オレ、結婚します！
オメデトウ
パチパチ
パチパチ
へぇ～結婚かぁ～
ぼくも5年後には…
ペケ男の人生設計図
ジャーン
28才
結♡婚
30才
長女ペケ子誕生
カワイイ♡
33才
夢のマイホーム
35才
長男ペケ郎誕生
36才
長女小学校入学
デレ～
ちょっとちょっと…
？
結婚や出産ってお金がかかるのよ
貯金してんの？
え？お金のことなんて考えてなかったです…
カラカラ
ぜんぜんない…

どうしたら貯金できるのかな…
ウーム
どれもなんかイマイチ…
500円玉貯金の本
100万円貯める
空きビン
あら！さっそく貯金を始めたの？えらいじゃない！
まぁ僕も男ですから！
エッヘン
突然ですが…
クイズshow!!!
では問題！一生でいくらお金がかかるでしょうか？
ウーーム
ピンポン
ウーム…3000万円くらいかな？
一ヶ月10万で一年だと120万…
電卓
ブッブー2億円は必要なのよ！
2億円!!!
ヒ〜

一生で2億円!?

社会人１年目というのは、この先の人生プランを考え始める、いいきっかけでもあります。なかでも、お金については早く計画を立てれば立てるほどいいでしょう。当然ながら、生きていくにはお金がかかります。

一生でかかる費用はトータルで２億円ともいわれています。

２億円というとものすごい大金のように感じますが、その間ずっと働いているわけですから、取り立てて驚くべき数字ではありません。それよりもむしろ、結婚、出産など、人生の岐路でもお金がかかるということを認識しておきましょう。

ペケ男の人生予算
300万円－400万円
結婚
40万円
妊娠・出産
500万円－1000万円＋ローン
マイホーム購入
まだまだ
出費はかさみます

結婚や出産にはいくらかかるの?

あくまでも平均的な金額ですが、結婚に際しては**結婚式、披露宴、新婚旅行まで含めると300万円～400万円かかる**といわれています。

どんな披露宴にするか、新婚旅行はどこへいくか（そもそも、披露宴も新婚旅行もやらないか）によって大きく変動しますし、すべてを当事者が支払うのではなく、親などから援助を受けるケースも多いでしょう。

とはいえ、ある程度の貯金がないと結婚もままならないのも事実です。

また、**妊娠・出産にかかる費用は約40万円**といわれています。国や自治体からの援助もあるので、すべて自己負担ではありませんが、いずれにしても、いざというときに困らないように、早めに手を打っておきましょう。

誰もが憧れるマイホーム購入ですが、賃貸・持家それぞれにメリット・デメリットがありますので、個人のライフプランをもとに慎重に検討する必要があります。買うとなれば、マンションか一戸建てかという選択肢も出てきます。

購入の際かかる頭金は、基本的に物件の２割と考えておけばよいでしょう。諸経費も含めると３割は貯金が必要です。いずれにせよ若いうちからライフプランを立てコツコツと貯金しておくことがベストです。

一生で2億円かぁ…
500円玉貯金だと…1000年もかかるよ…
やっと…貯まったわい…
こうなったら…
銀行強盗
するしかない！
BANK
へへへ…！
モワ〜ン
待ちなさい！
まったく…今すぐに必要なわけじゃないから大丈夫よ
でも…毎月貯金するのって難しくって…
じゃあ財形でも始めてみたら？
財形!?
…何それ!?
台形
弁慶
アキバ系…？

みんなどれくらい貯金をしているの？

貯金への意識は、人によって違います。計画的に貯金している人もいれば、収入分はすべて使ってしまうという人もいるかもしれません。しかし、毎月の額は少しでも積み重なるとけっこうな金額になります。わずかでもいいのでコツコツ貯める習慣をつけましょう。

毎月の貯金額で一番多いのが１万円から３万円。

仮に毎月２万円、ボーナス時に３万円（年２回）貯めていくと、年間で30万円！５年で150万円になりますし、昇給に応じて少しずつでも貯金額を増やしていくと、30歳になるときに400万円から500万円貯めることも十分に可能です。

貯金が苦手な人のために…

確実に貯金ができる方法として、**財形貯蓄（通称・財形）**を利用するのも一案です。
毎月の給与や賞与から天引きの形で貯金されるので、自動的にお金が貯まっていくというメリットがあります。もちろん、その分の手取りが減りますが、もともと少なければそれなりになんとかやっていけるものです。
また、財形貯蓄をしていると、教育費や家を買うお金が必要になったときに融資を受けやすくなったり、助成金を受けられるなどの利点もあります。さらには、税制面での優遇もあります。

こんな時いくら払うの？

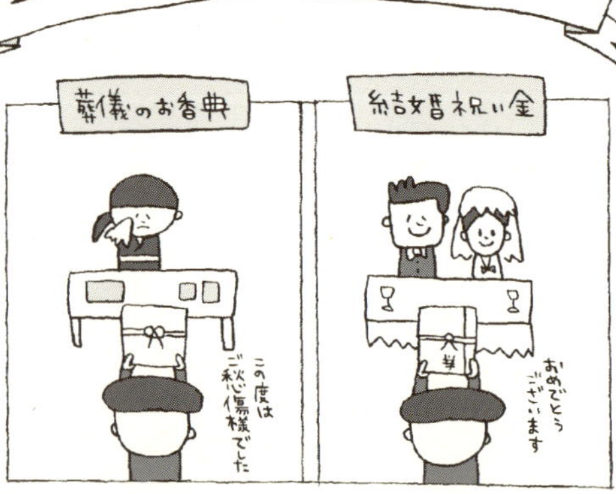

社会人になると、同僚や友人などの結婚式に呼ばれたり、会社関係・取引先の人などの葬儀に出る機会も増えるでしょう。

- **結婚祝い金**
  20代なら「同僚や部下なら２万円」「知人・友人なら３万円」が相場
- **式には参加せずお祝い金だけ渡す**
  通常の1/2～1/3が一般的。1万円というところが妥当でしょう。
- **葬儀で出す香典**
  5000円が一般的。親戚や親しい友人の場合は１万円が相場

第6章

アフター5でも学生時代と同じはNG 社会人のプライベート

接待＆飲み会のマナー・上手なリフレッシュ法・体調管理の仕方

休日・アフター5の過ごし方
金曜日、残業中のペケ男…
パチパチ
今週は忙しかったなぁ…
週末は家でのんびり寝てよ～
つかれたね…
次の日、土曜日
zzzz…
zzzz…
BOOO～
BOOO～
もしもし…
だれ？
オハー いつものウクレレ弾きに行こうぜ～
ごめん… 今週は忙しくて疲れがたまってるからやめとくわ…
何言ってんだよ！ 疲れているときこそ趣味のウクレレでリフレッシュが大事なんだぞ！
ポロローン

ウクレレ練習後…
カンパーイ
アロハ～
アロハ～
いや～やっぱりウクレレはいいね～リフレッシュできたよ～
ポロロ～ン
そう言えば…ペケ男何であんなに疲れていたんだよ？
サンクス
あぁ…新商品の発売が近くてバタバタなんだ…
マツモト食品の社運をかけた**極秘プロジェクト**でさ～大人気商品のクマ缶をリニューアルさせるんだ！新しいクマ缶は…
PART2
ペラペラペラペラペラペラペラペラペラペラペラペラ
ライバル社社員A
キヒヒ
ペラペラペラ
おい！社内の極秘事業を公共の場で話しちゃダメだろ！ライバル社の社員にでも聞かれていたらどうするんだよ！
モゴモゴ
ちっ…バレたか…

いつでも「会社の一員」である意識を

休日やアフター５に友人と飲みに行く機会も多いでしょう。
そんな席で仕事の話をするのはかまいませんが、話の内容には十分に気を配りましょう。まず、「社外の人に話していい内容かどうか」をきちんと判断してから、話題を選ぶ必要があります。
どんなに親しい間柄でも、話していい内容とそうでない内容があります。
また、社内の人、社外の人にかかわらず、**公共の場では「誰が聞いているか、わからない」という意識を持たなければなりません**。極秘事項、社外秘の内容については、どんな場所であっても、社外で話すのはＮＧ。あなたのちょっとした言動が、会社に大きな迷惑をかける可能性もあるのです。

多少のつきあいは仕事のうち

社会人になると、「今日、飲みに行かないか」と上司や先輩に誘われることも多いでしょう。用事があるなら断ればいいのですが、最低限言い方には注意が必要です。「すみません、今日は先約があってご一緒できないのです。また次の機会に、ぜひ誘ってください」と**次回につながる断り方**をしましょう。

ただし、**何度も続けて断るのは問題アリ**。最近は「私はお酒が飲めませんので…」と言って、毎回断る若手社員も増えているようです。飲めないお酒を無理に飲む必要はありませんし、「業務時間外は、自分の自由」という気持ちもわかります。
しかし、上司は「社内では話しにくいことを話そう」とか、「居酒屋などフランクな席で、仕事について本音を聞きたい」などの思惑があるのかもしれません。お酒の好き嫌いに関係なく、さまざまな形で人間関係を築くことも大切なのです。ぜひ、社会人なりのコミュニケーションを上手に身につけてください。

金曜日　退社時間
風邪気味のペケ男…
お先に失礼します…
明日はゆっくり休もう…
ゴホ
ゴホ
大丈夫？
はぁい…
お疲れ様～
週末はゆっくり休むのよ～
は！いや、ダメだ…
明日はゲームの発売日！
朝から並ばなきゃ…
ゴホゴホ
翌日…
「クマブラザーズ」をお買い求めの方はこちらの列にお並びくださ～い
ヨロヨロ
1時間経過…
さ…さむい…
ブル
ブル
ゴホ
ゴホ
ガタガタ
ガタガタ
2時間後…
やっとかえた…
ゴホゴホ
お客さん大丈夫ですか…
もう…ダメ…
だ…大丈夫…
月曜日…
結局、会社を休んだペケ男
おかゆ食べる？

ゴホ
ゴホ

体調管理は社会人の最低限の義務

学生から社会人になると、生活のリズムは一気に変わります。学生時代は夜遅くまで起きていて、朝遅くまで寝ているというのが当たり前だった人でも、社会人として働き出すと、毎朝早く起きて出社するという生活パターンに変わります。

慣れないうちは体がきつく、休日は１日中家でゴロゴロしているという人も多いでしょう。**休日は体を休めて、来週の仕事に備えるのが一番。**休日やアフター５に無理をして、仕事に支障をきたすようではダメです。

体も心も休まる趣味を持とう！

仕事以外に趣味を持つのはとてもいいことです。休日は、体を休める以外にも、精神的なリフレッシュをすることもとても大切。週休２日の人の中には、１日は体を休めて、もう１日は積極的に外へ出るという人もけっこういます。**「ワーク・ライフ・バランスが大事」**と言われるように、仕事が生活のすべてにならないようにすることも、社会人として大事なことです。

おはようございます。
ペケ男です。
大変申し訳ないのですが、
★1 体調不良のため、
お休みさせてください。
何か緊急の用件が
ありましたら、
★2 自宅に電話を
いただければ
対応いたします。

突然の遅刻・欠席には…？

体調不良等で、急きょ休みや出社時間を遅らせたいときは、**始業10分前までに直属の上司に必ず連絡**を入れましょう。始業時間を過ぎてからだと「遅刻じゃないのか？」と誤解を招いてしまいます。

また最近は、メール１本で連絡をする人もいるようですが、絶対にＮＧ。必ず電話で。

☆１…理由をしっかり述べましょう

☆２…緊急連絡先を述べたり、やりかけの仕事に対して状況を軽く報告するなど、仕事に支障をきたさないような配慮も大切

接待や飲み会でのマナー
今日は接待…
かんぱーい
今日はいっぱい飲んでください！
このフグ美味しいね～
モグ
モグ
美味しいですよね～
ちょっと！相手のコップが空じゃない！
あら本当…
すみませんお注ぎします…
どうも…
ドボドボ
あちゃ…あわあわ…
ウワァ…
ちょっと！何やってんのよ！

お酒を注ぐときはこうして両手で丁寧に注ぐのよ！
よ〜し次こそは！
キョロ
キョロ
空のグラス発見！
キラン
ささ…どうぞ…
いや…私は飲めないんで結構です…
そう言わずに飲んでくださいよ〜社会人なら飲むのが常識でしょ〜
ヒ〜だから飲めないんだって〜
コラッ!!!
無理にすすめてどうすんの！
何か別のお飲物を頼みましょうか？
は・・・はい…
じゃあ、僕はクリームソーダにしま〜す！

接待では、「相手が楽しんでいるか」「くつろいでいるか」「不愉快に感じていることはないか」を意識しなければなりません。まずは、相手のグラスが空になっていないかを気にかけましょう。

空のグラスを見つけたら、**「お注ぎします」**と一言声をかけて、**必ずビンや徳利を両手で持って**注ぎましょう。だいたい**コップやお猪口の八割くらいまで入れる**のが一般的です。
といっても、お酒が飲めない人に無理にすすめるのはタブー。お酒がすすんでいない人を見つけたら、**「何か別のお飲み物にいたしますか？」**とさりげなく声をかけましょう。

「あなたもどうぞ一杯」とお酌を返された場合は、必ずグラスを両手で持って、「いただきます」「ありがとうございます」とお礼を言いましょう。
お酌を受けたら、必ず一度口をつけるのが礼儀です。

お酒が飲めない人も、とりあえずは素直に相手のお酌を受けましょう。グラスに口をつけるまでして、後はテーブルに置いておいてかまいません。もし、さらに飲むように強要される場合は「すみません。不調法なものですから」とやんわり断ればいいでしょう。

接待では、相手を楽しませるのが一番の目的ですが、だからと言って自分は忙しく動き回ればそれでいいというわけではありません。相手の話を聞いて、楽しむのも大切。決して忙しそうにバタバタするのではなく、常に笑顔で、自分自身も楽しんでいる雰囲気をつくるように心がけましょう。

最近は、ランチタイムに軽い接待やミーティングを行うというスタイルも増えています。ランチは気軽で、時間がある程度決まっているため、誘うほうも、誘われるほうもあまり気を使わないで済むというメリットがあります。ランチタイムでも、ゆっくりと落ち着いて話のできる店を見つけておくと、非常に便利です。

今日は部署内の飲み会…
幹事のペケ男です！まずは課長からのあいさつです…お願いします
今日はみんな無礼講で楽しく飲みましょう！
カンパーイ
カンパーイ
カンパーイ
無礼講かぁ…何をしてもいいんだな…
キヒヒ
よっ、課長！飲んでるか～
この髪型ツンツンしすぎ…だから性格もトゲトゲしてんのか～？
ペシペシ
そんなんだから奥さんにも逃げられるんスよ～
ガタッ
ちょっと…トイレ…
ギロッ
?!
ちょっとちょっと！**無礼講って言っても最低限のマナーはあるのよ！**
?
ちぇっ無礼講って言ったのは課長じゃないか～

無礼講とはいっても…

社員同士の親睦を深めたり、日頃の労をねぎらうなどの理由で、社内（部内・課内）で飲み会を開催するところもけっこうあります。
その際、部長や課長が「今日は無礼講だ」と言うこともあるでしょうが、**もちろん何でもしていいわけではありません**。当然、上司や先輩に無礼をはたらくことはＮＧですし、その場の雰囲気を壊す話や日頃のグチをこぼすようなことも避けましょう。

新人の宿命!?

社内の飲み会では、新人は「新人から一言あいさつを」とか「１曲、歌って」「何か一発芸を」などと指名されることがあるでしょう。
これは新人の宿命だと思って、その場を楽しませる努力をしましょう。
宴会芸となるとハードルが高いかもしれませんが、カラオケの１曲くらいは歌い、雰囲気を盛り上げられるといいですね。

上手に・気持ちよくおごられましょう

支払いに関しては、会費制の場合、上司のおごりの場合、ワリカンなど、いくつかのパターンが考えられます。
上司におごってもらった際は、**その場で「ごちそうさまでした」と必ずお礼**を言いましょう。そして、翌日も直接かメールで、再度お礼を言うことも忘れずに。

残業・土日出勤のルール

就業時間30分過ぎ…
もう仕事終わったんだけど…
まだみんな働いているなぁ…
帰っていいのかな…
帰っていいのかな…
キョロ
キョロ
ペケ男まだ残っているの?
あ、A子先輩…
だって誰も帰らないから帰りづらくて…
ボソ
何言ってんの! 自分の仕事が終わったんなら帰っていいのよ
そうだけど…

じゃ、私も仕事が終わったから帰るわよ~お先に~
久々に早いわ~
え!!!

残業のルール

終業時刻になったら、もちろん帰って構いません。ただし、**「今日はこれで失礼させていただきます」「お先に失礼します」**など、必ずしっかりとあいさつをしてから帰るようにしましょう。
先輩や上司が忙しそうにしているからといって、黙って帰ることはしないように。

帰る♡

チーン
A子先輩!!!
待ってくださ〜い!
チェックしてほしい
資料があって…待って…
明日見るから、机に置いといて
ガー
ガガガ
行かないで…
ちょっと!
何よ!?
ウィーン
今日中に
見てほしくて…
だって…
A子先輩
いっつも帰るの
遅いから…
まだ大丈夫
だと…
ハァ…
ウィーン
今日中!?
なんでもっと
早く言わないの!?
ガー

自分の仕事が終わったら…

１日の仕事を終えたときには、**「今日の仕事はひと通り終わりましたが、他にやるべきことはありませんか」**とひと声かけるのもいいでしょう。
定時に帰るのは構わないのですが、もしかしたら「自分の仕事を手伝ってほしい」と思っているかもしれません。用事があるときに無理に残業をする必要はありませんが、「仕事をする意欲」を見せることも大切です。

フライングは絶対にダメ

終業時刻が近づいてくると、そそくさと帰り支度を始める人がたまにいます。
17時が終業なら、16時40分ごろから片づけを始めたり、トイレに行ったりする人です。
これは周囲にも心証が悪いので、絶対にやめましょう。
定時まではしっかりと仕事をして、帰り支度はそれ以降に行うようにしましょう。

「ホウ・レン・ソウ」早め早めに

終業間際になって、誰かに質問をしたり、お願いごとをするのはとても迷惑な行為です。
終業間際になって「この資料を今日中に作っておいて」と指示されたら、あなただって「なんで、もっと早く言ってくれないんだ」と思うでしょう。
ふだん、残業をするのが当たり前の先輩だったとしても、その日も遅くまで会社にいるとは限りません。できるだけ相手に迷惑をかけないように仕事をすることは、お互いにとって大事なのです。

土曜日、仲間とバーベキュー…
ジュー
COOL
あれ？ビジオはこないの？
あいつ休日出勤だってさ
ジュー
あいつ毎週末出勤しているらしいぜ…
へ～大変なんだね…
休日出勤ってやっぱり頼まれたら断れないのかなぁ…
頼むよ
週末よろしく！
どうせ暇だろ？
ポワン
ポワン
ポワン
休みたい!?
ムリだと!?
予定入ってる!?
ムリだ…
あー…夜っ夜ー…いけんねよ!!
ジュ～～

今日はどうしても予定がある…

これ急ぎでよろしく！

OK
明日、朝早く来てやるのでは間に合いませんか？
OK
明日の日中にやるかもしくは、明日残業してやるのでは間に合いませんか？
NG
今日は用事があるのでできません…。

終業間際に仕事を頼まれたり、日中から続けていた仕事が終わらないというケースもあるでしょう。残業ができる日はいいのですが、用事があってどうしても早く帰らなければならない日も当然あります。「今日は残業できない」という事実を伝えるにしても、**言い方次第で相手の印象は大きく変わります**ので注意を。

休日出勤を頼まれたら？

休日返上でやってくれるかな…

休日出勤を頼まれた場合、どのように対処するかはなかなか難しい問題です。
出勤することに問題がないならば、快く引き受ければいいことですが、「どうしても外せない予定がある」「家族の行事がある」とか「しょっちゅうなので、困っている」など、さまざまなケースが考えられます。
社風によって休日出勤が当たり前のところもあれば、まったくないというところもあります。休日出勤が当たり前の部署であれば、自分一人が「強制でないなら、休みます」というスタンスをとり続けるのは難しいでしょう。一度、親しい先輩や上司に相談してみるべきでしょう。
また、ふだんほとんど休日出勤はないが、繁忙期にはみんなが休日出勤をするという程度ならば、**できるだけ足並みを揃えたほうがベター**です。
そうやって人間関係を築きながら、チームの一員となっていくわけです。

遅刻・休み・早退のルール
A子先輩 有給休暇使いたいんですけどいいですか？
もちろんいいわよ！
じゃあ明日から温泉に行ってきま～す
ワーイ
え!? 明日!?
はい！もう準備万端です！
温泉スタイル～♫
ちょっと！何でもっと早く言わないの!?
キャア
ツルッ
SOAP
有給休暇って言っても急には取れないわよ！
フー
ええっ!? そうなんですか？
イテッ…
仕事の引き継ぎもあるでしょ！

次の日…
ペケ男の席
有給中
RRRRR
カチャ
はい…
え？
ペケ男は
今日から
3日間
お休みを
頂いて
おります…
え？今日までにって
サンプルをお願いして
いたんだけど…
ええ!?
すみません！
至急
確認して
折り返し
いたします！
仕事は
平気って
言って
たのに…
まったく
ペケ男め〜
ピッ
ピッ
一方、ペケ男は…
極楽
極楽
ポカポカ
脱衣所
キャハハ
極楽〜
BOO
BOO

有給休暇でも突然はNG

休暇を取りたい場合は、前もって話しておくのが最低限のマナーです。
有給休暇は社員の権利ですが、突然申し出て、すぐに取れるものではありません。
「有給休暇を取りたい場合は、どれくらい前に申し出たほうがいいのですか？」と先輩に聞いておけば、おおよその目安を教えてくれるはずです。
また、休暇は取る時期も考慮しましょう。
繁忙期に休みを取ると「この忙しい時期に休むなんて！」とみんなからひんしゅくを買うこともあるでしょう。やはり繁忙期は外し、できるだけ周囲に迷惑をかけないように気を配ることが大切です。

周りの人への連絡も忘れずに

夏休みなど、長めの休みを取るときには、仕事の引き継ぎもしっかりしておきましょう。
取引先などから連絡が入る可能性がある場合には、その旨を伝え、代わりに対応できるようにお願いしておきます。
あくまでも代理ですから、**業務内容は最低限にして、引き継ぎ内容がわかりやすいようにまとめておく**ことも忘れずに。
また、主な取引先などには
「○月○日まで夏期休暇をいただきますので、ご連絡は○日以降にお願いします。
なお、緊急の場合は○○（携帯電話）までご連絡ください」
と伝えておけば、ほぼ問題なく対処できるでしょう。
また、休暇中とはいえ、「もしかしたら会社から連絡があるかもしれない」という意識くらいは心のどこかに持っておきましょう。

おはようございます…
ゴホゴホ
へいき？
ペケ男君ひどい風邪だね…休んだほうが…
ゴホゴホ
社会人たるもの風邪なんかで休んでいられません！
エッヘン
ゴホゴホ
エライー・社会人のかがみー！
ゴホゴホゴホゴホゴホゴホゴホ
具合が悪いなら帰りなさい！迷惑でしょ！
ハ…ハ…
ブシュン
ヒ～くるなよ～
うつされたらたまんないよ…
あっちへ行け!!!
ヒ～
ハロー
ズルッ
ギロッ
もう帰れ！
ポイッ

休むことも大切・周囲の人のことを考えよう
ゴホゴホ

咳がまったく止まらないとか、高熱が出ているなど、体調が著しく悪い場合は休む（あるいは、早退する）ことも必要です。
「どんなに高熱が出ても、仕事は絶対に休みません」というのは、一見やる気があっていいようですが、実は周囲を心配させたり、迷惑をかける原因になります。
「咳が止まらず、みなさんにもご迷惑をおかけしてしまうので、今日はお休みさせていただいてもよろしいでしょうか」と連絡を入れ、しっかり休みを取りましょう。
最近ではインフルエンザなどの感染症が話題になることも多く、**周囲の人の健康を考えれば、休むことも大切**なのです。

旅行のお土産は必要？

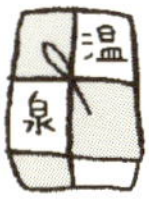
温
泉

会社や部署の風土にもよりますが、長期休暇を取って旅行へ行った際は、お土産を買ってくることも忘れないようにしましょう。会社によって違うので一概にはいえませんが、礼儀として買ってくるところが多いようです。
高価である必要はありません。**みんなに配りやすい個別包装**で、**なるべく日持ちするもの**を選びましょう。

温泉楽しかったねー
リフレッシュできたら気持ちを入れ替えて

１日であれ、長期であれ、休暇明けの日は絶対に遅刻をしないようにしましょう。
ふだん以上に目立つので、「あいつは休みボケなんじゃないか？」とかなり悪い印象を与えてしまいます。
休み明けのときこそ、「きっちりと気持ちを切り替えて、仕事に邁進します」というはつらつとした姿をアピールしましょう。

第7章

社会人になっても勉強は必要？ 社会人としての自分磨き

勉強会・セミナー・資格取得でキャリアアップを目指そう

仕事に役立つ資格や勉強会
休日…
DAデパート
いっぱい買っちゃったねー
ウン♡
セミナー
ヨ!!!
あっ!
なんだよ スーツなんか 着ちゃって! 休日出勤?
いや、これから**ビジネスセミナー**なんだ
セミナー
ゾロ
ゾロ
スーツ姿
ビジネスセミナー!? 何だよそれ? 聞いたことない
!?
!?
ビジネスセミナー
仕事の仕方とか **最近のビジネスのトレンド**とか いろいろと 学ぶことが できるんだよ!
すげぇ… そんなものに 参加しているのか!?
まあな

次の日、会社…
昨日、同期がビジネスセミナーとやらに参加していてビックリしましたよ…
あら？いろいろと勉強している社会人って多いわよ！
?!
まっ・・・まさか…B子先輩も!?
私はこれ！TOEICを勉強中よ！
TOEIC
900点めざせ!!!
TOEIC☆900
トイック？？
マジックshow
それはマリック！
ハンドパワーです
TOEICとは…社会人に一番人気のある英語の試験のことよ！
ペラペーラ
Hello!
welcome!
ペラペーラ
YOU、TOEICも知らないの？MEは900点オーバーよ！
部長スゴイ…

本当の勉強は社会人に
なってから始まる

勉強は学生までで終わりと思っている人がいたら、それは大間違い！
会社の業務以外にもさまざまな勉強をしている人がたくさんいます。
今は、一度就職したら一生同じ会社にいるという時代ではありません。入社１年目から転職や自身のキャリアアップを考えて、各種セミナーを受講したり、資格試験の勉強をしている人は意外に多いものです。

英語なら「TOEIC」

社会人に人気の資格といえば、真っ先に挙げられるのが**「ＴＯＥＩＣ」**でしょう。
「Test of English for International Communication」の略で、英語によるコミュニケーション能力を評価する世界共通のテストです。
就職時、**ＴＯＥＩＣによって英語力を判定する企業が多数ある**ほど、世間的に信頼のある資格です。ＴＯＥＩＣは合否を決める資格試験ではなく、990 点満点で点数評価されます。英語力を求める会社の場合、600 点～ 700 点以上という程度の条件を設けているところもあります。
将来的に英語を生かした仕事をしたいと思っているなら、必須のテストといえます。

いまや必須スキルのIT力

ＩＴ系の資格として、**「マイクロソフト・オフィス・スペシャリスト（ＭＯＳ）」**も人気があります。
最近は仕事でパソコンを使うのは当たり前ですが、「どの程度パソコンを使えるのか」を証明することは難しいもの。その点、ＭＯＳは **Word、Excel、PowerPoint、Access、Outlook** の利用スキルを問うものなので、「パソコンに関する一定の能力を持っている」という証明になります。
その他、コンピュータの基本知識を問う**「初級システムアドミニストレータ」（通称・初級シスアド）**も人気。初級シスアドはＩＴ系で唯一の国家資格ということもあって、年間で 15 万人近い人が受験しています。

僕も何か勉強したほうがいいのかな…
？
ブツ
ブツ
ペケ男くん、どうしたの？ブツブツ言って…
あっ、ミナコちゃん何でもないよ！ノープロブレム！
そぉ？ならいいけど…
も・・・もしやミナコちゃんもTOEICの勉強をしているの？
ううん
TOEIC？私はしていないわよ…
よかった～ミナコちゃんはやっぱり仲間だ～
ハァ…
私は経理部だから簿記を勉強中よ！
2級
簿記
え～ミナコちゃんも勉強族なの…
セミナー
Hello!
AB
CDE
カキ
カキ
お勉強
お勉強♡
+ -
× ÷
12
345

どの仕事にも役立つ・会計・決算書の知識

従来から根強い人気を誇っているのが**「簿記検定」**。
基本的には、帳簿の記入方法を学ぶのが簿記ですが、**決算書の見方がわかる**ようになるという大きなメリットがあります。経理関係の仕事をしている人はもちろん、**営業や企画、仕入れ部門などさまざまな分野で役に立つ**スキルです。
決算書を見て、取引先や営業先企業の財務状況がわかれば、「相手に必要な商品やサービスは何か」「この会社は取り引きするに値するか」などの判断材料になります。
初心者にも取り組みやすい４級から、高度な専門知識が問われる１級まであるので、自分のレベル、仕事での必要度に応じてチャレンジしてみるといいでしょう。

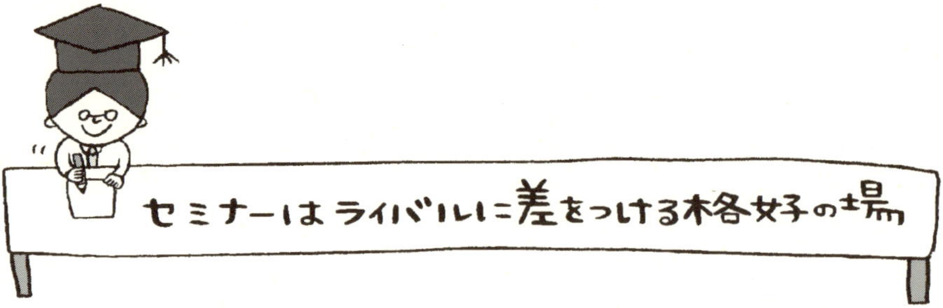

セミナーはライバルに差をつける格好の場

業界のトレンドなどを教えてくれるものや、**ビジネスマナー**や**日常的な仕事術**を教えてくれるものなどたくさんの種類のセミナーがあります。
会社によっては、資格取得や能力アップのためのセミナーや研修会への参加費用をサポートしているところもあります。会社のお金で自分のスキルアップができるなんて、まさに一石二鳥です。積極的に活用しましょう。

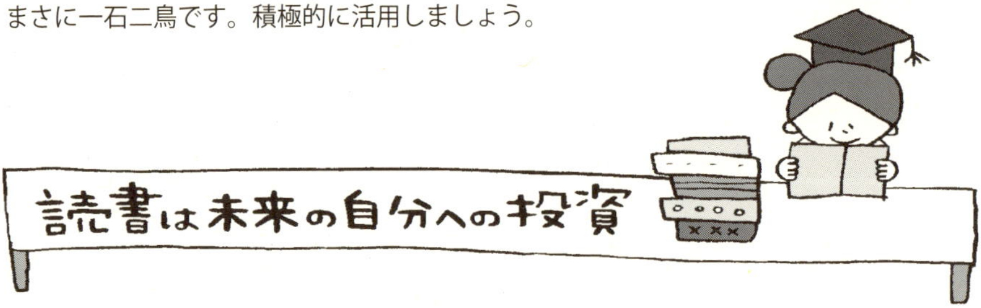

読書は未来の自分への投資

もっとも手軽で、安価な勉強方法といえば、何といってもビジネス**書を読むこと**です。
さまざまなジャンル、レベルが揃っているうえ、時代の最先端を行く人が書いているケースが多いのも魅力。最近ではビジネス書を読む女性も増えています。ビジネス書を読んで、自分に必要なスキル、世間で話題になっている情報やノウハウなどを積極的に取り入れましょう。

キャリアプランとは？
今日は年に一度の面談の日…
何を聞かれるんだろう…
ドキドキ
ドキドキ
次ペケ男君の番だよ～
ただいまー
は…ハイ
ガタッ
失礼します…
ガチャ
そこに座って
はっはい
入社して1年経ったけどこの1年どうだったの？
色々なことがあったな…
あんなことや
こんなこと
ゴホン
パシャ
僕も成長したと思います！

そぉか、そぉか
この先は
どうしたいんだ？
キャリアプラン
については
何か考えている？
この先!?
キャリアプラン!?
たとえば…
周りの人を見回してみて
「あの人みたいに
なりたい！」
と、思うことはないか？
海外との交渉が
うまい部長
ペラ
ペラ
斬新な
企画を出す
浜口さん
キビキビ
働く
A子先輩
いるなぁ・・・
いっぱい
決めた！
浜口さん
みたいに
ヒット商品を
企画します！
そぉか！
じゃあ
その目標に
向かって
日々
頑張れ！
浜口さん
はいっ！
毎日の仕事が浜口さん
への道なんですね…

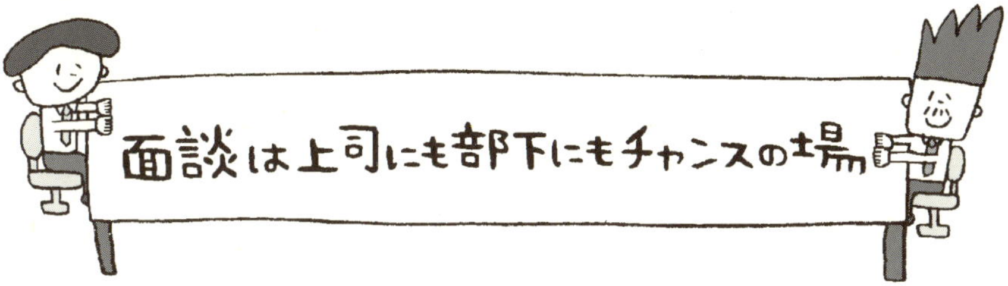

年に一度は上司と部下が面談し、仕事に関する悩みや問題点、今後のビジョンなどを話す機会を設けている会社は多くあります。
上司が部下を査定するための面談という側面もありますが、部下としては**上司に対して自分の思いや考えを伝えるチャンス**でもあります。
面談の前に、仕事について、自分の将来についてなど、考えをまとめておくといいでしょう。

新入社員に対しては、「この１年、働いてみてどうだった？」というトータル的な質問をすることが多いでしょう。
非常にかしこまった面談もあれば、フランクな雰囲気のものもあるので一概にはいえませんが、「仕事をしてみて気づいたこと」「学んだこと」などを中心に、自分なりに感じたことを話しましょう。
この１年で、一番学んだことは何か。
どんな出来事が一番印象に残っているか。
自分のどんな部分が最も足りないと感じたか。

日々、忙しく仕事をしていると、こういった内容をゆっくり考える機会はなかなかありません。いい機会なので、自分なりに１年間を振り返ってみましょう。

3年後にはどうなっていたい？

面談では「これからどんなふうに仕事をしたいのか？」というキャリアアップに関する質問もよくされます。上司に聞かれるからというだけでなく、自分なりのビジョンを持つことはとても大切です。**3年後、5年後、10年後、自分がどんなふうに仕事をしていたいか**を大まかでもいいのでイメージしておくといいでしょう。
難しく考える必要はなく、**「5年後には主任になっていたい」**とか、**「○○のような商品を企画したい」「海外に関係する仕事をしたい」「○○さんのようなポジションになりたい」**など、どんな形でもいいのです。

重要なのは、**自分なりに目指す地点（あるいは方向）を決めること。**
それに向かって、「次の1年はどんなことをやるべきなのか」を考え、「そのために今月はどうするか」「今週は？」「今日は？」と、日々の仕事に関連づけていくことが大切です。↗

↗ただ漫然と働くのではなく、**自分なりのゴール**に向かって仕事をすれば、それだけ成長も早くなりますし、働くモチベーションにもなります。
最終的には、それがキャリアアップにつながるのです。

会社への不満やグチは言っていい？

上司との面談では「会社や部署に対する不満はないか？」「こうしたらもっとよくなるという意見はないか？」という質問を受けることもあります。
仕事上のグチをいったり、誰かの悪口を言うのは問題ですが、不満に感じていることがあれば話してみるチャンスです。仮にそれが改善されなくても、お互いの気持ちを知ることは重要ですし、自分の気持ちを知っている人が身近にいるだけで安心感が持てます。

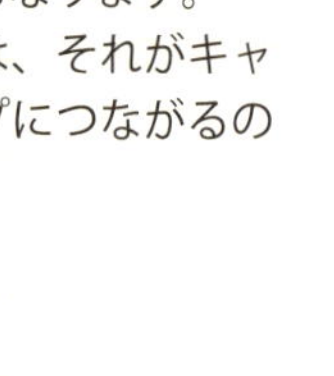

あるいは、面談の場で上司の思いや考えを聞けるかもしれません。
たとえば、待遇や仕事内容に関する不満を述べた際、「○○のような理由・考えがあって、君には△△のような仕事を主にやってもらっているんだよ」という話が聞ければ、気持ちの上で納得できるでしょう。
面談をいい機会だと思って、上手にコミュニケーションを図ってください。

転職・退職のルール
ある日…
ペケ男…
クリームソーダなんか飲んでかわいいやつ…
やっぱりクリームソーダが1番♡おいしー
ペケ男… ちょっと話があるから屋上に来てくれない？
実は私…
も…もしや告白される？
ドキ
ドキ
転職するの！
転職!?
実は以前からやりたい仕事があってね… それができる会社に転職が決まったのよ
そんな〜 今日でお別れなんてイヤです〜
もう！ そんなに急じゃないわよ… 3カ月後の話だから…
よしよし
ウェーン

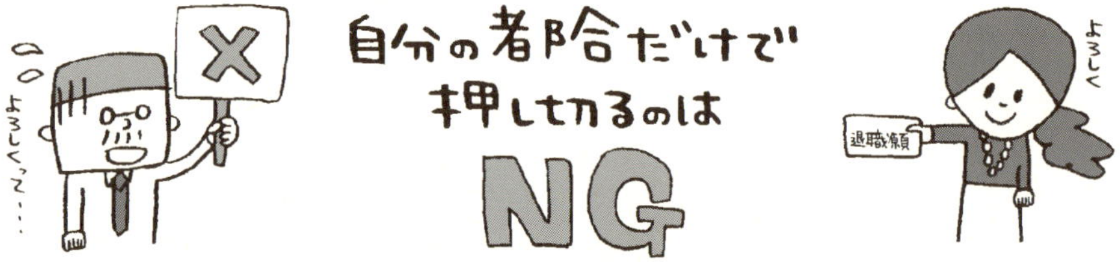
自分の都合だけで
押し切るのは
NG
よろしくって・・・
退職願
よろしく

働いている会社を辞める際には、**最低でも3カ月前には申し出る**ようにしましょう。
法的には2週間以内でいいのですが、あまり急だと会社に迷惑をかけてしまいます。
会社としては、あなたの穴を埋める人を補充しなければならないので、どうしても相応の時間が必要です。自分の都合だけでなく、そのような事情を理解した上で、退職の意向を申し出ることが必要です。

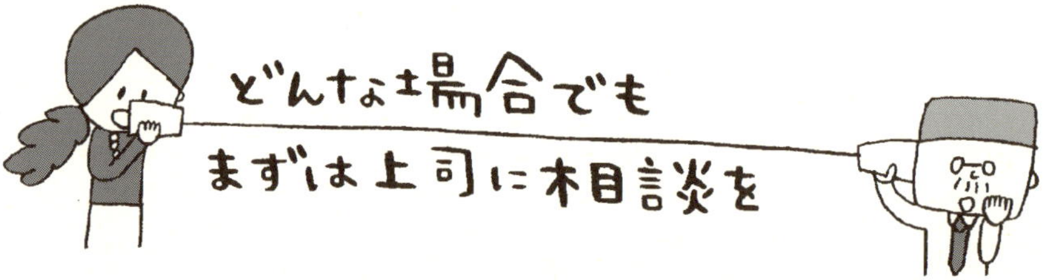
どんな場合でも
まずは上司に相談を

退職・転職を考えているときは、いきなり「退職願」を提出するのではなく、**直属の上司に相談するのが先決**。待遇や人間関係に問題があるなら、上司が解決してくれる可能性もあります。
また、退職の意志が固い場合でも、やはり相談してから決めるという手順は踏むようにしましょう。一方的にならずに、「話し合って、お互いがベストだと判断した」という印象を持つことが円満退社のポイントです。

退職願のルール

「退職願」には、具体的な理由は書かず、「一身上の都合」とだけ書いておけばＯＫです。
「退職届」ではなく、あくまでも「退職願」としておきましょう。
「辞表」というのは、ある程度の役職（具体的には役員や取締役クラスなど）が辞意を表明するためのものです。
一般社員が辞める場合は、「退職願」としておくのが無難です。

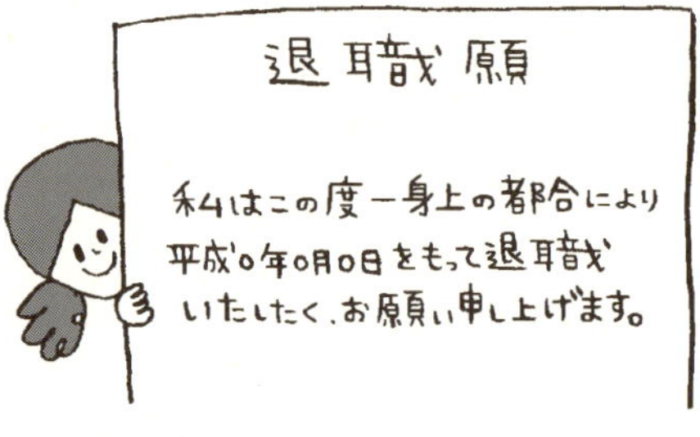
退職願
私はこの度一身上の都合により
平成0年0月0日をもって退職
いたしたく、お願い申し上げます。

ウェ～ン
A子先輩が
いなくなるなんて…
ペケ男にも
引き継ぐ仕事が
あるのよ！
いつまでも
泣いてないの！
ドーン
これ全部!?
ドーン
ヒ～
これ全部
A子先輩が
一人で作ったんですか？
パソコンの中身も
整理して
ペケ男に
渡さなきゃね
パソコンの中も
整理するんですか？
当然よ！
次の人が
使うんだから…
だから
常に整理して
おかなきゃね…
ペケ男の
パソコン
って…
何よ！
あんたの
パソコン！
木村カエル
ファン限定 壁紙♡

引き継ぎは最後の大仕事

退職・転職の際、最も大切なのが**引き継ぎ**です。
あなたがいなくなっても、会社や部署が困らない状態を作っておくことが重要です。
引き継ぎは、**口頭だけで説明するのではなく、できるだけ資料も残す**ようにしましょう。
取引先の担当などの後任が決まっている場合には、その会社に出向いて「退職のあいさつ」と「後任者の紹介」をします。その際、後任者の優れた点をアピールすることを忘れずに。

立つ鳥跡を濁さず

退職時、デスク周りやパソコン内、ロッカーなどを整理することも必須です。
個人的に保管していて今後は不要だと思われるものはきちんと廃棄し、必要なものだけを残しましょう。原則として、パソコン内の個人情報は消去して、各方面に迷惑がかからないようにします。
会社として保持しておくべきデータについては、パソコン内に残すのか、共有のサーバを使うのか、あるいはバックアップ用のメディアに保存しておくのかなどを上司や先輩に確認して、指示に従うようにしましょう。
文具など細々としたものでも、会社の経費で買ったものはすべて置いていきます。

人脈は1番の財産！

社内や送別会などであいさつをする際は、これまでの感謝を述べて、明るく、気持ちよく終われるようにしたいものです。退職したからといって、すべてが終わりというわけではなく、公私ともに退職後も関係を続けられるようにするのがベター。最近は転職も珍しいことではないので、**転職後に別の形で仕事が継続するケースも多々あります。**
人脈は一番の財産です。そのことを忘れずに、人間関係には十分に気を配りましょう。

A子先輩の送別会
お世話になりました
おつかれさまー
ありがとうございました
おつかれさまー
A子さん、本当にお疲れ様でしたファイトよ！
部長…ありがとうございます
A子先輩を目指して頑張ります
B子さんなら大丈夫よ！
ウェ〜ン A子先輩がいなくなっちゃうなんてイヤだ〜
イヤ…
ペケ男もこれからは泣いてばかりいられないわよ！
ヒック…
もう入社して1年になるんだから！じきに**後輩**が入ってくるわよ！
ペケ男先輩!!!
そうか…僕も**先輩**になるのか…頑張らなくっちゃ
ペケ男先輩♡
がんばってね…
よーし
一緒にがんばろう

また新しい一年も頑張るぞー!!!
マツモト食品
END

おわりに　この本を手にとってくれたあなたへ

最後までペケ男におつきあいくださいまして、ありがとうございました。

この本の中でペケ男がしでかしたミスや間違いは、けして笑いごとなんかではなく、すべて実際に私や私の周りの人たちが社会人になってから犯してしまったことであり、また、目撃した話です。

マンガのように笑って済ますことができればいいのですが、実際にはそうはいきません。新人ならではのかわいい間違いや笑えるミスも、ときにはとんでもない大惨事につながってしまうこともあります。

この本は、これから新しい一歩を踏み出すあなたがそんな目にあわないためにも、私・ライターの飯田哲也さん・フォレスト出版編集部の古田美南子さん、大の大人三人が新人だった頃に戻り、会社でやってしまいがちなミス・間違いを徹底的に洗い出し、答えを導きだしてまとめた本です。

会社で働く中で疑問に思ったとき、悩んだとき、重大なミスを起こす前にどうぞこの本を気ままにめくってみてください。あなたと同じようなことを疑問に思い、悩んでいる同期のペケ男がここにいます。そしてペケ男と一緒に学び、成長しながら、あなたのモヤモヤがひとつでも解決できれば、とてもうれしく思います。

そしてそれらを習得し終えた後も、あなたと同じように悩むであろう後輩や部下に紹介したくなる、さらには、あなた自身も、あなたの同期であり良きライバル、友達であるペケ男に会いたくてなんとなく開いてしまう、そんな本になれればこの上なくうれしく思います。

最後になりましたが、マンガなんて描いたことのなかった私に楽しいアドバイスをくれたライターの飯田哲也さん、いつも暖かく見守りつつも、横道にそれがちな私の軌道修正をしてくれた編集の古田美南子さんにこの場を借りて心からお礼を申し上げます。お二人の力なくして、この本の完成はありませんでした。また、この本のカバーを素敵に仕上げてくれたデザイナーの笠原直樹さん、この本の制作に関わってくださったみなさまに心からお礼を申し上げます。多くの人の力があわさって一人ではとうてい作り上げることのできない、素晴らしい本に仕上がりました。

みなさま、本当にありがとうございました。

2010年3月　matsu（マツモト　ナオコ）

特別付録

「会社の教科書」メモ帳

コピーして切り取って使ってね。

memo

様

月　日　AM PM　：

様からお電話がありました。

□ 折り返し電話をください

（　至急　　時頃希望）

連絡先

□ また電話します

（　　時頃予定）

備考

〈著者プロフィール〉
matsu（マツモト　ナオコ）
イラストレーター。
1981年生まれ。

新卒で大手アパレルメーカーの総務を経験。
のちにパン屋へ転職、その後、絵本専門店に勤務。
パレットクラブスクール卒業後、事務職を経てイラストレーターとして独立。

イラストレーションの主な作品に
『世界一やさしい問題解決の授業』(ダイヤモンド社)、
『ピーター流生き方のすすめ』(岩波書店)の装画・挿画などがある。
自著は本書が初。

＜著者ホームページ＞
http://matsu.petit.cc/

〈監修者プロフィール〉
20代のための仕事力向上委員会
就職を控えた学生や内定者、若手社員の働くことへの意識を高めるために
発足したグループ。
ビジネスマナーからビジネススキル・働き方まで研究している。

DTP／白石知美（株式会社システムタンク）
編集協力／飯田哲也

会社の教科書

2010年4月3日　　初版発行
2018年8月15日　　4刷発行

著　者　matsu
監修者　20代のための仕事力向上委員会
発行者　太田宏
発行所　フォレスト出版株式会社
〒162-0824 東京都新宿区揚場町2－18　白宝ビル5F
電話　03-5229-5750（営業）
　　　03-5229-5757（編集）
URL　http://www.forestpub.co.jp

印刷・製本　中央精版印刷株式会社

©matsu 2010
ISBN978-4-89451-387-7　Printed in Japan
乱丁・落丁本はお取り替えいたします。

累計5万部
ベストセラーシリーズ第1弾！

メールは1分で返しなさい！

短く！早く！好印象を残す！
ビジネスメール 297フレーズ

神垣あゆみ 著

定価 本体 1300円（+税）
ISBN978-4-89451-337-2

累計5万部
ベストセラーシリーズ第2弾！

考えすぎて書けない人のための
1分間メール術

簡単に！わかりやすく！心が伝わる！
ビジネスメール 126文例

神垣あゆみ 著

定価 本体 1300円（+税）
ISBN978-4-89451-374-7